알파
세대가
학교에
온다

인공지능
시대의 ------
디지털 키즈

알파 세대가 학교에 온다

최은영 지음

지식프레임

Prologue ──

알파세대와
미래 교육을 생각한다

    2020년 전 세계를 강타한 코로나 바이러스의 위력으로 학교는 순식간에 제 기능을 멈추었다. 어느 누구도 감히, 그 어떤 선택도 섣불리 할 수가 없어 두려움에 떨며 집 안에 가두어진 채 모든 게 지나가기만을 바라던 해였다. 2020년이 아이들에게는 '잃어버린 1년'의 시간이었다.

    2021년, 학교는 기존의 관성을 모두 지우고 지금껏 경험하지 못했던 새로운 모험과 시도를 끊임없이 계속해 나가고 있다. 근대식 학교 공교육 시스템이 정립된 이래 변함없이 지속되었던 등교 방식, 수업 방식, 가정과의 소통 방식 등이 모두 새로운 가능성의 세계로 오픈되었다. 그러면서 우리 모두는 직감하고 있다. 새로운 세계가 가까이 다가오고 있음을. 코로나19 바이러스가 촉매가 되어 지구인의 삶이 송두리째 변화되고 있음을.

창조와 혁신의 아이콘 스티브 잡스가 세상에 터치 스크린 아이패드를 최초로 선보인 2010년 이후 탄생한 어린이들은 자연스럽게 디지털 기기와 상호 작용을 하면서 성장했다. 오감을 통해 외부 자극을 이해하는 발달기 때부터 아이들은 현실 세계와 디지털 세계를 구분 없이 동시에 수용하게 된 것이다. 그렇게 자란 아이들을 우리는 '알파세대'라고 부른다. 이 알파세대 아이들은 초등학교 학령기를 맞아 코로나19 바이러스로 순식간에 삶의 방식이 통째로 변화되는 강력한 생존 체험을 숙명처럼 받아들였다. 살기 위해서 강제로 마스크를 써야 했고, 친구와 만나서 자유롭게 뛰어놀고 싶은 마음도 억지로 참아 억눌러야 했다.

알파세대 아이들은 코로나19로 인한 고독과 단절, 외로움을 디지털 초연결 세계 안에서 새로운 방식으로 극복한 특별한 경험을 갖고 있다. 보고 싶었던 친구들 얼굴은 온라인 화상 수업을 통해서 볼 수 있었고, 그 안에서 서로가 겪는 아픔을 나누고 공감했다. 그렇게 알파세대 아이들과 교육계 현장의 선생님들은 교육계의 역사를 새롭게 써내려가고 있다. 하지만 여전히 많은 이들이 두렵고 막막하다고 말한다. 솔직히 고백하건대, 나 역시 그러하다.

아이를 양육하는 부모의 나이가 되었거나 아이들과 일상을 함께하는 선생님이라는 직업을 가진 사람들이라면 누구나 2020년을 보내며 '정말 이를 어쩌지' 싶게 바닥을 치는 당혹감과 무력감을 느꼈을 것이다. 때 묻지 않은 맑은 눈으로 "미세먼지 정말 나빠요." "미세먼지 때문에 바깥 놀이를 못 해요."라고 말하던 아이들의 이야기만으로도 한동안 충분히 가슴 아팠는데, 이제는 그 어린 새싹들에게 바이러스에 대한 공포심까지 실감 나게 전달해야만 했다. 왜? 살아야 하니까. 살아가야 하니까. 살아내야 하니까.

우리 모두의 생존을 위해서라면 불편함을 감수한 채 마스크를 착용해야만 하는 현실. 사람과 사람이 만났을 때 반가움을 표하며 손잡고 악수 한번 할 수 없게 된 이 시절의 현실이 나에게는 너무나 차갑고 아프기만 했다. 무엇보다도 이 냉혹하고 황당한 현실이 왜 일어난 것인지를 아이들에게 설명해야 한다는 게 더 힘이 들었다.

이런 시절, 나는 아홉 살 난 딸 아이의 엄마이자 딸의 친구 같은 아이들이 잔뜩 모여 있는 초등학교에서 교사로 살아가고 있다. 곰곰이 생각해 보면 내가 '엄마' 그리고 '선생님'으로서의 역할에서 느끼는 부담과 심리적 압박감은 '딸' 그리고 '아내'로서의 그것에 비하면 비교도 되지 않을 만큼 엄청난 것이다.

어린 시절, 우리 부모님은 늘 미래에 관한 장밋빛 이야기들을 늘어놓으셨다. 우리나라가 얼마나 자랑스러운 급속 경제 성장을 이루었는지, 전쟁 이후의 가난을 극복하고 근면 성실함으로 얼마나 대단한 부유함을 스스로 일궈냈는지 강조하시면서 말이다. 학교에 다니던 학창시절을 떠올려도 그렇다. 선생님들은 늘상 말씀하셨다. 열심히 인내하며 공부하고 대학에 가면 꿈만 같은 새로운 삶이 펼쳐질 거라고. 재미난 연애와 청춘의 꿈이 너희를 기다리고 있을 거라고. 캠퍼스의 낭만을 상상해 보았느냐고. 드라마 속 주인공처럼 꿈을 펼치며 살아갈 수 있을 거라고. 프로 직업인의 모습을 떠올려보라고 했다.

하지만 지금, 나는 아이들에게 미래에 관한 희망적 메시지를 전달할 수가 없는 어른이다. '학교폭력 금지', '자살방지', '아동학대 예방'에 이어 추가로 디욱 강조된 '안전과 방역' 문구는 우리 아이들에게 세상은 매우 위험한 곳이라고 끊임없이 반복해서 외쳐대는 것만 같았다. 너무 많은 불안감을 아이들 마음에 새겨주는 것 같아 미안한 마음뿐이다.

많은 미래 학자들이 공통적으로 예측하는 미래의 특징 중 하나는 바로 '예측 불가능함'이라고 한다. 누구 하나 이렇게 사는 것이 정답이라고 말해 주는 이 없다. 지금까지와는 다른 미래가 펼쳐질 것이라는 막연한 예견만 있을 뿐이다. 이런 상황에서 아이들의 미래를 준비시켜야 하는 선생님들이 느끼는 심적 부담과 막막함을 감히 무엇에 빗대어 표현할 수 있을까? 교육은 백년지대계라고 하는데, 백 년은커녕 십년 앞의 미래도 정녕 모를 일이 되어버렸다.

이 와중에도 누군가는 발 빠르게 앞으로 달라질 미래를 예측하며 세상을 주도해 나갈 역량을 키워나가고 있다. 시대를 이끄는 세계의 석학과 지식인들은 이미 십 년쯤 전부터 신뢰할 수 있는 데이터를 기반으로 변화할 미래 담론을 축적해 왔다. 또한 여러 교육계 전문가들도 우리가 알고 있는 근대식 학교 교육의 폐해를 비판적으로 분석하여 미래에 적합한 교육 모델과 교육 이론들을 고안해 왔다.

지금 우리는 미래 교육을 다 같이 고민하고 성찰해야 할 때이다. 교사뿐 아니라 부모, 넓게는 마을 공동체 모두가 지금의 어두운 현실을 극복하고 더 나은 미래를 꿈꾸며 나아가기 위한 준비를 해야 할 때이다.

이 책의 집필 과정은 미래에 대한 불안감을 내려놓고 침착하게 현재 상황을 살펴 한 걸음씩 앞으로 나아가고 싶은 교육자로서의 나 자신을 가다듬기 위한 밑 작업이었다. 미래에 관한 아주 작은 한 톨의 희망적 씨앗이라면 무엇이든 발견하고 긁어모아 내 마음 안에 심어주고 싶었다. 아이들 앞에 조금은 편안한 마음으로 서서 진심 어린 희망을 이야기하고 싶었다. 그리고 나와 같은 절박한 심정을 느끼고 있을 동시대의 무수히 많은 동지들과 그 희망을 나누고 싶었다. 2020년을 코로나 블루에 빠져 좌절했고, 여전히 가슴 한편에 막연한 두려움을 묵직하게 느끼고 있을 이 시대의 엄마와 선생님들께 위로와 희망을 전하고 싶었다.

미래와 교육에 관한 다소 딱딱해지기 쉬운 내용을 어렵지 않게 전달하려다 보니 내가 그동안 교육계에 몸담으며 고민하고 성찰했던 실제 경험담도 자연스럽게 녹아들 수밖에 없었다. 그렇기에 어쩌면 독자들에게는 이 글이 이론서도 아니고 교직 에세이도 아닌 그 두 가지 글쓰기 형식 사이를 넘나드는, 조금은 낯선 글로 읽히게 될지도 모르겠다. 그렇지만 누군가 이 책 한 권으로 "미래 교육의 흐름과 맥을 짚게 되었다." 그래서 "막막해하지 않고 침착하게 내 아이를 바라볼 수 있게 되었다."라고 말할 수 있으면 그만이다. 그저 지금의 이 세계를 살아내야 하는 어린아이들을 바라보며 먹먹해지는 심정을 감출 수 없었던 사람들의 마음을 두드리고 싶다. 그리하여 위로와 희망을 전할 수 있게 되기를 바라는 간절함으로 내 마음을 채워본다.

2021년 가을,
딸 아이가 잠든 밤 노트북 앞에서

Contents

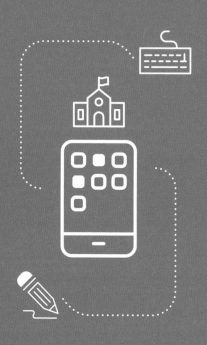

Part 1 -------
다가온 미래, 알파세대의 등장

01 ——
알파세대,
코로나 키즈의 초등 생활

"살아남는 종은 강한 종이 아니고 똑똑한 종도 아니다. 변화에 적응하는 종이다."
– 찰스 다윈(Charles Robert Darwin)

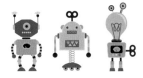

2010년 이후 출생한 아이들, 알파세대가 초등학교에 입학하기 시작한 지 5년이 흘러간다. 유치원에 들어가기 전부터 리모컨을 조정하며 자기가 원하는 키즈 유튜브 채널을 입맛대로 골라 시청하는 아이들, 화려한 실내 장식이 갖춰진 어린이 맞춤형 키즈 카페를 놀이 문화로 즐기는 아이들, 스마트폰 어플을 활용해 다양한 스티커를 붙이는 이미지 보정 놀이를 손쉽게 즐기며 자란 아이들이다.

알파세대는 출생과 동시에 디지털 기기를 마치 신체의 일부분인 것처럼 자연스럽게 다루고 활용하며 성장한다. 그래서 이들에게는 문자 텍스트보다 이미지 영상이 훨씬 편하고 익숙하다. 궁금한 게 생기면 유튜브 검색창에 키워드를 입력해 원하는 정보를 얻는 게 매우 자연스럽다. 정보를 습득하기 위해 두꺼운 책을 찾아 읽거나 오랜 시간 공들여 글을 쓰는 게 매우 번거롭고 불필요한 행위로까지 인식된다.

내가 기억하는 90년대 학교 수업의 전형은 바른 자세로 연필을 쥐고 예쁜 글씨체로 필순에 맞게 또박또박 공책 정리를 하는 것, 그리고 필기 내용을 큰 목소리로 다 같이 소리 내어 읽고 암기하는 것이었다. 이런 수업 방식을 지금의 알파세대 아이들에게 적용한다면 어떻게 될까? 아마도 아이들은 채 10분도 지나지 않아 "힘들어요.", "따분해요.", "지겨워요."라며 이구동성으로 외쳐댈 것이 분명하다.

요즘 아이들과 만족스러운 수업을 진행하기 위해서는 흥미로운 동영상, 알록달록 화려한 이미지가 가득한 PPT, 친구들과 함께 상호 작용할 수 있는 게임이라는 요소가 필수적이다. 이 삼박자가 갖춰지지 않았다면 선생님이 인기 유튜브 채널 진행자와 같은 순발력 넘치는 유머 감각이라도 발동시켜야 한다. 생동감 넘치는 표정과 말투를 겸비한 스토리텔러가 되어야 한다. 흥미로운 수업 자료를 검색하고 준비하기 위해 선생님은 과거에 비해 훨씬 더 많은 에너지를 투자해야만 한다.

요즘 아이들이 꿈꾸는 장래 희망 유망 직업에는 '크리에이터', '웹툰 만화가', '바리스타', '아이돌' 등이 있다. 과거 '의사', '판검사', '과학자', '외교관', '선생님' 등이 초등학생 장래 희망의 대다수를 차지하던 시절에 비하면 그 선택의 기준이 좀 더 자유분방해졌음을 느낄 수 있다. 선호하는 삶의 방식에 '재미' 그리고 '취향과 감각'이 중요한 척도로 반영되고 있다는 걸 방증하는 듯하다.

현재 초등학교 학령기를 차지하고 있는 알파세대 아이들은 개인의 인권과 자유의 소중함을 중요하게 여기는 80년대생 밀레니얼 세대의 부모 밑에서 성장했다. 밀레니얼 세대는 기존 세대보다 훨씬 덜 엄격한 양육 태도를 보이며, 아이를 키우는 데 있어서 정해진 하나의 정답이나 표준은 없다고 생각한다. 다양한 도서나 SNS를 통해 자녀 교육에 관한 여러 정보나 조언을 얻고 실천하며, 자신만의 양육 방식이 그 나름대로 존중받길 원한다. 개인차가 존재할 수는 있겠으나 대다수의 밀레니얼 세대 부모들은 자신의 자녀를 나와는 또 다른 인격체로 존중하며, 서로 다름을 쿨하게 인정하는 것이 건강한 관계라고 생각한다. 또한 자녀에 대한 체벌이 금지된 사회 분위기에서 권위를 내세워 무언가 강요하는 언행을 한다는 것은 바람직한 부모 역할이 아니라고 여긴다.

이 세대의 학부모들은 내 자녀의 선생님도 역시나 자신의 자녀에게 부당하게 무언가를 강요하지 않기를 원한다. 내 아이의 취향과 기질이 존중받기를 원할 뿐, 규칙을 앞세워 아이에게 심적 부담감을 느낄 법한 상황이 발생되기를 원치 않는다. 예를 들어, 과거 급식실에서 점심 식사를 배식하는 상황을 떠올려보자. 예전에는 균형 잡힌 식습관을 키워주기 위해 선생님들은 아이가 거부하는 반찬 종류가 나오더라도 딱 한 입만이라도 입에 넣어 맛을 보기를 권유하곤 했다. 하지만 선생님의 선한 의도가 무엇이었건 받아들이는 내 아이의 심정이 괴롭다면 우선 거부하고 싶은 마음이 먼저 드는 게 솔직한 학부모의 심정이 되었다. "선생님, 우리 아이 편식 습관 좀 고쳐주세요." 하던 이야기는 까마득한 옛날 옛적의 이야기로만 느껴진다. 언제부터인가 아이가 싫다는 반찬은 건강을 위해 한 번만 먹어보자고 말하기가 불편해졌다.

알파세대 아이들의 학부모가 지니는 큰 특징 중 하나는 아이들의 안전 문제에 매우 민감하다는 것이다. 2010년 이후 심각해진 미세먼지 대기 오염 문제로 어린 자녀들의 만성 호흡기 질환이 늘어났으며, 실외 활동이 제한되고 공기청정기 가동 없이는 불편해지는 날들이 많아졌다. 내 아이가 감당해야 하는 환경 문제의 심각성이 건강의 안전을 위협하는 수준에 치달아 있음에 불편한 심경을 감추지 못하는 것은 당연하다. 또한 2014년 온 국민을 충격과 울분으로 치닫게 했던 세월호 사건은 현장체험학습 안전 문제에 관한 불안감을 극도로 심화시켰다. 뿐만 아니라 학교폭력 근절을 위한 피해자와 가해자 프레임에 혹시나 내 아이가 연루되는 사건이 일어나지는 않을까 싶어 노심초사하는 마음에서 벗어나기가 힘들다.

2020년 전 세계를 강타한 코로나 바이러스는 아직 한창 어린 성장기의 알파세대 아이들에게 생존에 대한 안전 위협과 디지털 가상세계로 한층 강화된 삶을 동시에 강렬하게 경험하도록 했다. 숨을 쉰다는 것은 지구상의 생명체로서 하루하루를 살아가게 하는 가장 근원적인 행위이다. 우리를 숨 쉬고 살게 하는 공기 속의 미세한 먼지가 우리의 건강을 위협하더니, 이제는 공기 중에 떠다니는 정체불명의 바이러스로 목숨을 잃게 될지도 모른다는 공포심까지 그 어린 나이의 아이들에게 떠안겨주게 된 것이다.

알파세대 아이들은 이 위기와 공포를 극복하는 방식이 디지털 초연결 세계로 향해 있음을 무의식적으로 학습하였다. 못 만나던 사람을 만나고, 멈춰진 학습을 이어가고, 코로나 감염 확산을 막기 위해 필요한 정보를 얻는 방식은 모두 디지털 온라인 세계에 접속해서나 가능한 일이었다. 이 아이들에게 디지털 가상세계는 단절과 공포심을 극복하고 세상과 연결되어 살아가게 해준 삶 그 자체가 되었다.

이 아이들에게 지구 환경의 물리적인 외부 세계는 안전하고 편안한 곳이 아니다. 내가 살고, 우리가 함께 살고, 자유롭게 마음껏 몸을 움직이며 이곳저곳을 여행하고 놀이하고 싶다면, 다 같이 마음을 모아서 방법을 찾고 지구를 안전한 곳으로 변화시켜야만 한다는 걸 이 아이들은 가슴 깊숙이 강렬하게 느끼고 있다. 디지털 세계에서 만날 수 있는 재밌고 감각적인 콘텐츠가 아무리 넘쳐나더라도, 우리 사람들은 집 밖의 또 다른 자연 세계를 그리워하며 함께 맛있는 음식을 나누고 마주 앉아 이야기 나누고 싶어 한다는 너무나 당연한 삶의 이치를 가슴 뼈저리게 깨우치고 있다.

이 아이들은 2020년 이후 코로나 키즈가 되어 학교 교육의 역사를 새롭게 만들어나가고 있다. 매일 등교가 당연하던 시절은 지나갔다. 대면 수업과 비대면 수업은 상황에 따라 유연하게 조정이 가능하다. 우리 모두가 함께 살기 위해서는 불편해도 참고 감내해야 하는 새로운 삶의 규칙에 적응해야만 한다. 그 어떤 고난이 와도 우리는 함께 헤쳐나가야만 한다. 그 어떤 방식으로건 우리는 서로 연결되어야 하고, 배움은 이어나가야만 한다.

알파세대가 학교에 온다

02 ——

미래학자들이 말한다

"어제 가르친 그대로 오늘도 가르치는 건 아이들의 내일을 빼앗는 짓이다."

– 존 듀이(John Dewey)

인간은 시간과 공간을 가로지르는 존재로, 멈춰 있지 않고 늘 변화한다. 어제와 오늘이 같고, 내일도 오늘과 같다고 상상해 보라. 삶의 이유가 무색해질 것이다.

미래에 대한 삶의 불확실성은 때로 우리를 불안하게 할지언정, 그만큼 열려 있는 가능성의 세계로 자신을 던져볼 용기와 희망을 선물하기도 한다. 시간과 공간 사이의 변화를 인식하며 그 안에서 자기 중심성을 잃지 않고 세계와 균형을 맞춰나가며 살아가는 인간, 인간과 사회의 조화로운 번영을 위해 준비되는 교육은 그렇기에 항상 시대의 변화에 민감하게 깨어 있고 역동적이어야 한다.

언제부터인가 '미래', '미래학', '미래학자'라는 용어가 낯설지 않아졌다. 특히나 전문적 식견이 요구되는 분야에서 일하는 지식노동자의 경우에는 더욱 그러할 것이다. 현재와 미래의 트렌드를 동시에 읽지 못하면 마치 시대의 패배자가 되는 것처럼 우리의 마음은 바쁘게 미래를 좇는다.

 '미래'란 아직 오지 않은 현재 이후의 시간이다. 인간은 시간을 인식하는 존재이기에 예로부터 과거와 현재를 통해 미래를 예측해 왔다. 어찌 보면 특별할 게 없다. 하지만 '미래'를 학문의 영역으로 새롭게 구축하고자 할 만큼 사람들이 체계적으로 연구하게 된 연유는 무엇일까?
 불과 얼마 전까지만 해도 미래 예측은 역사학만으로 충분했다. 역사란 지난 과거에 대한 기록이며, 기록을 통한 성찰을 궁극적 목표로 한다. 그렇기에 역사학은 인류사의 지나온 흔적을 추적하여 갈등과 평화에 대한 패턴을 발견하게 하고 미래를 예측하게 했다. 그러나 역사만으로는 더 나은 인류의 미래를 대비하기에 불충분하게 느껴지는 시절임은 분명하다.
 역사학은 인류사를 거시적 관점에서 바라보게 한다. 비교적 큰 단위의 시간 추이에 따른 시대별 구분이 이루어진다. 과학, 기술, 문화와 문명의 변화를 추상화시켜 해석할 수 있게 해준다. 반면 미래학은 미시적 관점에서의 디테일한 변화마저 감지하고 예측할 수 있다. 세상의 모든 정보가 비트 단위의 전자 데이터로 축적되기 시작한 1950년대 무렵부터 현대 미래학이 발전하기 시작했다는 사실은 미래학의 미시적 특성을 방증한다.

현대적 관점의 미래 연구 분야는 빅데이터를 기반으로 한 확률을 근거로 삼는다. 역사학자나 시대를 이끄는 소수의 선택받은 인물로부터 추려진 정보로 구성된 사료(史料)와 달리, 미래학에서 활용되는 데이터는 불특정 다수의 개개인이 쏟아내는 삶의 구체적인 흔적들이다. 엄청난 양의 방대한 정보 처리 기술, 데이터 처리에 관한 신속하고 정확한 통계 분석 기술력이 높아진 이 시대에나 가능해진 학문이 바로 미래학이 아닐까 싶다.

20여 년 전, 1999년에서 2000년으로 넘어가던 그 무렵의 어느 순간으로 기억을 되돌려보자. 전 세계 언론은 인류 역사가 새로운 21세기를 맞이한다는 사실에 흥분했다. 천의 자리 숫자가 1에서 2로 바뀐다는 사실만으로도 엄청난 변화가 시작되는 것처럼 느껴졌다. 이후 디지털 정보화 시대로 전 세계와 개개인이 서로 연결되었으며, MZ세대* 라면 누구나 공감할 법한 스마트폰 세상으로의 혁명적 변화도 맞이했다. 그때까지만 해도 '미래'와 '변화'라는 단어가 주는 어감이 그다지 불편하거나 급작스럽지는 않았던 것 같다. 2000년 이후 1~2년의 시

---

* 1980년대 초~2000년대 초반에 출생한 밀레니얼 세대.

간을 더 보내고 독백처럼 "21세기가 되었다고 뭐가 대단하게 변한 것도 없는 것 같네."라는 혼잣말을 떠들어본 기억이 스쳐 지나간다.

그로부터 다시 20년이 지나, 미래라는 용어는 이제 전혀 다른 존재감을 드러내며 눈앞으로 다가왔다. 2020년 이전과 이후의 일상은 완전히 달라졌다. 정말 강력하게 말이다.

코로나19는 이제 우리 삶의 일부가 됐다. 아침에 일어나 집 밖을 나설 때면 자연스레 마스크를 찾아 쓴다. 엄마들은 자녀가 학교 교문을 통과하기 전 핸드폰 건강 상태 자가진단 앱을 켜고 자녀의 건강 상태를 정직하게 전송한다. 집이 아닌 불특정 타인과 한 공간에 머무는 식당과 커피숍을 이용하고자 한다면 가장 먼저 핸드폰 QR코드를 찍어 방문 기록을 인증해야만 한다. 신종 호흡기 감염증의 급작스러운 출몰로 인한 공포감은 언택트(Untact)하거나, 타인을 위한 최소한의 안전 행동 책임 의무(마스크 착용, 사전 열 체크 등)를 수행하게 했다. 마스크를 착용하지 않거나 자가격리 수칙을 어기는 사람은 개인의 자유를 넘어서 타인의 생존을 위협할 수 있는 코비디어트(Covidiot)[*]로 낙인찍히는 시대가 되었다.

2020년 이후 전 세계 한 사람도 빠짐없이 동시에 경험한 팬데믹(Pandemic) 공포는 미래의 변화라는 것이 변화의 방향성에 대한 사회

---

[*] Covid-19와 Idiot를 합친 코로나19 관련 신조어.

적 합의를 구축할 시간적 여유조차 허락하지 않을 수 있음을 확인시켜주었다. 개인이 아닌 정부의 기능까지도 갑작스럽게 멈추게 해버린 강력함, 한 사람의 예외도 허용하지 않는 영향력은 개개인의 생존을 비롯한 삶의 문제와 직결되어 있다. 미래를 예측하고 준비하지 않으면 나와 우리 삶에 또 다른 어떤 갑작스러운 불편함이 찾아올지 모른다는 근심 어린 마음을 세계인이 동시에 공감하고 있다.

미국의 미래학자 토머스 프레이(Thomas Frey) 다빈치연구소 소장은 한국과학기술원(KAIST) 주최로 열린 '포스트 코로나, 포스트 휴먼 : 의료·바이오 혁명' 심포지엄에서 신종 코로나 바이러스 감염증으로 인해 10년 뒤에는 대학의 절반이 문을 닫을 것이라는 진단을 내놓았다. 그는 "인류 역사상 가장 큰 규모의 일자리 변화가 생길 것"이라며 "도심으로부터의 탈출이 일어나고 있고, 접촉에 대한 공포증이 생겨나고 있다."고 진단했다. 이어 "교육 기업은 최대 인터넷 기업이 되며, 원격 근무도 보편화할 것"이라고 예측했다.

앨빈 토플러와 더불어 금세기 최고의 미래학자로 손꼽히는 하와이대 명예교수 짐 데이토(Jim Dator)는 2020년 7월 23일 고려대안암병원에서 열린 '넥스트 노멀' 컨퍼런스에 화상 회의로 참석해 "살아 있다는 것 자체가 이렇게 중요한 시기는 없었다. 중단, 봉쇄, 폐쇄로 이어지는 연결고리 속에서 한계에 몰렸다. 하지만 테러, 혼란, 학살까지 발생하지는 않았다. 다행스러운 것은 일상은 지속된다는 것"이라고 현

시대를 진단했다. 또한 그는 "신종 감염병을 계기로 공평하고 효율적인 시스템을 창출하는 것이 핵심이 될 것"이라고 언급했다. 코로나19가 주는 교훈은 특정 집단이나 특정 국가의 주도가 아닌, 세계인 모두의 '협력'이 핵심 가치로 설정된다는 점이다. 코로나19 방역망 가동 과정에서는 '이웃이 살아야 내가 산다'는 개념이 중요해진다. 그는 공감하는 인간, 즉 '호모 엠파티쿠스(Homo empathicus)'가 강조되고 있다는 점을 인식해야 한다고 말했다.

세계에서 가장 정확한 금융 예측가이자 미래학자 중 한 사람으로 평가받는 제이슨 솅커(Jason Schenker)는 미래 시대를 대비하기 위한 노력으로서 '답은 교육에 있다'라고 말한다. 그는 2021년 저술한 《로봇 시대 일자리의 미래》(2021, 미디어숲)에서 다음과 같이 말한다.

1. 사람 중심의 변하지 않는 산업에서 일하라 : 자동화 시대에도 여전히 필요한 직업에 대한 전문성을 쌓아라.
2. 가치 있는 기술을 배워라 : 공식적, 비공식적 교육의 이점을 모두 취해라. 더 배우기 위해 준비하라.
3. 계속 움직여라 : 산업, 기업 혹은 지역에 변화를 줌으로써 기회를 찾을 수 있는 위치에 머무르라.

제이슨 솅커는 인공지능 디지털 초연결 세상에서도 여전히 자동화 기술로 대체될 수 없는 인간만의 전문 영역을 찾아 끊임없이 변화를 추구하며 기회를 찾는 자세를 강조하고 있다.

이외에도 많은 미래학자들이 공통되게 예측하는 포스트 코로나 미래 사회의 특징을 정리해 보면 다음과 같다.

첫째, 대면 접촉이 아니더라도 디지털 가상세계를 통한 사람과 사람의 연결은 가속화될 것이다.

둘째, 기계로 대체할 수 없는 인간만이 구현할 수 있는 가치들, "협력과 공존, 감정을 다루는 소통 능력, 기계로 대체될 수 없는 인간 고도의 전문성"이 강조된다.

셋째, 새로운 변화를 창조하는 사회에서도 여전히 교육의 역할은 매우 중요하게 여겨진다.

미래 교육의 구체적인 청사진을 그려내는 것이 결코 쉬운 일은 아니다. 하지만 방법적으로는 좀 더 유연하게 접근 가능하고(시간과 공간적 규정이 엄격한 학교 교육 외의 다양한 디지털 학습 생태계 구축), 내용적으로는 좀 더 인간적인 가치 중심의 학습(인류의 공생과 공존을 위한 공감 능력과 기계로 대체 불가능한 인간의 창조적 사고력)이 강조될 것이라는 큰 맥락의 흐름을 우리는 어렵지 않게 유추해 볼 수 있다.

03

상상이 현실이 되는
메타버스 세계 속 아이들

"상상할 수 있다면 그건 이미 현실이다."

– 파블로 피카소(Pablo Picasso)

2021년, 아이들이 없는 텅 빈 교실. 9시가 되자 원격학습용 플랫폼 인터넷 사이트에 접속하여 로그인을 하고 눈으로는 아이들의 아이디 접속을 확인하며 동시에 마이크를 켜고 "애들아, 어서 와. 반가워!"라고 인사하는 한 선생님이 있다.

"주말 잘 보냈니? 얼굴 좀 보자. 모두들 화면 켜세요. 화면 안 켜면 선생님 거부당하는 기분 드는 거 알고 있지? 지금 화면 안 켜면 수업에 집중할 마음 없다고 알려주는 거다."

선생님은 컴퓨터 모니터 화면 속 스물여섯 개의 작은 네모 칸에 들어찬 아이들의 얼굴을 보며 안부를 건넨다. 화면 속 아이들은 각자 자기 개성이 드러나게 마음에 드는 배경화면을 선택해 두기도 하고, 자기 얼굴에 재미 삼아 콧수염 필터를 설정해 두기도 했다. 애교가 많은 지안이는 얼굴에 토끼 귀 스티커를 붙여두고서 마이크에 입을 가까이 대며 "선생님, 저 어때요? 귀엽죠?"라고 묻는다. 이처럼 현실과 가상이 **중첩된** 증강현실(Augmented Reality)*은 이제 아이들에게 더 이상 특별한 것이 아니다.

그날 3, 4교시 사회 교과 시간에는 우리나라 여러 지역의 인문 환경과 자연 환경 특색을 조사하고, 아이들이 스스로 특정 지역을 선택하여 여행 상품 만들기를 해보는 모둠별 프로젝트 수업이 한창 진행 중이다. 아이들은 줌(Zoom) 소회익실에 대여섯 명씩 모여 여행 상품 만들기를 위한 열띤 토의를 한다. 토의를 진행하다가 소소한 다툼이 일어나면 선생님을 소회의실로 불러 중재를 요청하기도 하고 궁금한 게 생기면 질문도 한다.

한 아이가 구글 어스(Google Earth) 사이트에 접속해 돋보기 모양의 검색창에 '경주시'라는 장소명을 입력한다. 모니터 화면 위로는 경주시의 전체 모습과 구조를 실제 모습처럼 복사해 놓은 듯한 마을 지도 이미지가 나타난다. 화면 한쪽에 활성화된 화살표 버튼을 눌러보니 경주시의 유명 관광지에 관한 상세한 설명이 사진 이미지와 함께 보인다. 이렇게 아이들은 자연스럽게 디지털 세계 안에서 거울세계(Mirror

---

* 현실 세계의 이미지 위에 디지털 이미지가 중첩되어 나타나는 기술. 2017년 국내에 상륙한 포켓몬 고(Go) 게임으로 널리 알려지기 시작했다. 'Augmented Reality'의 약자를 써서 'AR 기술'이라 부른다.

Worlds)[*]를 통해 지역과 세상에 대한 공간감을 익혀나가고 있다.

다음 날 역시도 선생님은 텅 빈 교실 안에 홀로 앉아 컴퓨터 화면의 모니터로 아이들과 만난다. 오늘은 '자기의 강점과 특기를 친구들에게 소개하기' 활동을 해볼 예정이다. 아이들에게는 자기가 평소 즐기는 취미를 소개할 수 있는 수업이 진행될 거라고 미리 일러두었다. 처음에는 부끄러워하던 아이들이 하나둘 발표가 진행되자 몰랐던 친구들의 특별한 모습을 발견하며 용기를 얻어간다.

현지는 자기가 그렸던 소중한 그림을 모은 스케치북을 펼쳐 자기 컴퓨터 카메라 앞으로 쑥 내밀어 보인다. 상현이는 갑자기 방 구석진 곳으로 뛰어가 통기타를 들고 와서는 안정감 있는 리듬과 음색으로 노래를 연주한다.

자기 순번을 열심히 기다렸던 혜연이는 갑자기 선생님과 친구들에게 자신의 유튜브 채널을 공개해 주겠다고 한다. 혜연이의 유튜브에는 가족과 함께한 여행, 친구들과 집에서 쿠키 만들기를 했던 장면들이 잔잔한 음악과 함께 영상으로 편집되어 각각의 아름다운 브이로그(v-log)^{**}로 제작되어 있다. 혜연이의 꿈은 영상 제작자라고 했다. 아직 어린 나이임에도 불구하고 영상 편집 수준이 높아 보이는 감성적인 브

---

* 현실 세계의 정보, 모습, 구조 등을 디지털 가상세계에 그대로 반영하여 만든 세상. 포털에서 운영하는 지도나 길 찾기 서비스, 배달 앱 등이 그 예다.

** '비디오(video)'와 '블로그(blog)'의 합성어. 자신의 일상을 동영상으로 촬영한 영상 콘텐츠를 말한다.

이로그에 아이들과 선생님 모두는 감탄한다. 선생님은 자기 삶을 디지털 세상에 기록하고 공유하는 라이프로깅(Life logging)*이 더 이상 어른들만의 특권이 아니라는 걸 새삼 깨닫는다.

원격 수업이 끝난 오후, 현준이는 집에서 엄마가 차려주신 점심을 먹고 잠시 자유시간을 갖는다. 부모님이 허락해 주신 몇 가지 게임 중 오늘은 로블록스(Roblox)를 두 시간이나 할 수 있다. 현준이 엄마는 로블록스가 미국의 청소년 절반이 가입해서 즐기는 건전한 게임이라고 하셨다. 현준이는 얼마 전 원격 수업 소회의실에서 모둠 활동을 하다가 같은 반 친구 지우도 로블록스를 즐겨한다는 걸 우연히 알게 되었고, 오늘은 둘이 함께 게임을 하기로 약속한 날이다.

현준이는 로블록스 사이트에서 지우의 아바타 캐릭터를 보고 웃음을 참을 수가 없었다. 지우의 엉뚱한 성격과 스타일이 그대로 반영된 의상 그리고 화려한 액세서리로 치장된 아바타 모습 때문이다. 학교에서 수업하며 만날 때보다 훨씬 더 신나게 게임을 한 둘은 주말에 호수 공원으로 자전거를 타러 가기로 약속했다.

어릴 때부터 디지털 기기가 익숙한 우리 아이들은 이미 다양한 루

---

* 일상생활에서 접하는 정보를 디지털 공간(페이스북, 트위터, 인스타그램, 유튜브 등 SNS)에 기록, 공유하는 것.

트를 통해 가상세계(Virtual Worlds)* 속에서 여러 가지 놀이(게임)를 즐기며, 온라인과 오프라인 세상을 동시에 탐험해 나가고 있다.

언제부턴가 '메타버스(Metavers)'라는 신조어가 낯설지 않게 자주 쓰이고 있다. 메타버스란 '초월', '추상', '가상' 등을 뜻하는 메타(meta)와 '세계'를 뜻하는 우주(universe)의 합성어이다. 이는 1992년 닐 스티븐슨(Neal Stephenson)의 SF소설 《스노 크래시(Snow Crash)》에서 아바타(avatar)라는 용어와 함께 처음 등장하여 유래되었다고 알려진다. 메타버스는 현실 세계와 같은 사회·경제·문화 활동이 이루어지는 3차원의 가상세계를 뜻하며, '라이프로깅', '증강현실', '가상세계', '거울세계'라는 네 가지 하위 개념으로 설명된다.

전문가들은 메타버스 기술이 미래 IT산업의 가장 핵심적인 부분으로 자리 잡게 될 것이라고 말한다. 메타버스 관련주는 2021년의 핫 키워드로 선정되며 투자 트렌드로도 큰 주목을 받았다.

2020년 전 세계를 강타한 코로나19 바이러스로 사람들 사이의 비대면 소통 방식은 다방면으로 진화했다. 5G 상용화라는 정보통신기술 발달을 배경으로 그에 관한 관심과 투자가 대폭 늘어났으며, 코로나19로 인해 제4차 산업혁명을 특징짓는 정보의 디지털 초연결 현상은 더욱 가속화되었다.

---

* 디지털화된 가상세계에서 사용자들은 아바타를 통해 접속하고 그 속에서 사회적, 경제적 활동을 하는 등 현실 세계에서와 비슷한 삶을 구현한다.

메타버스가 2021년 언론 매체를 통해 뜨겁게 논의된 미래 IT 기술 영역이라고 하지만 그것이 완전히 새로운 것은 아니다. 이미 우리 아이들의 삶 속에 자연스럽고 익숙하게 자리 잡고 있는 것임을 우리는 앞선 원격학습 상황을 통해 확인할 수 있었다.

우리가 무언가를 상상할 때, 과거에는 머릿속으로 이미지를 연상해 본 후 연필을 들어 종이 위에 그 모습을 그려보아야만 했다. 하지만 지금의 우리 아이들은 무엇이든 자신이 상상하는 것들을 컴퓨터 모니터 위에서 생생한 실재감을 느낄 수 있는 3차원으로 제작해 볼 수 있다. 그러한 아이들의 행위 자체는 디지털 컴퓨터와의 상호 작용이자, 디지털 세계와의 자동적 공유 상태에서 이루어진다. 아이들은 디지털 가상 세계를 현실 세계와 구분하여 무엇이 진짜이고 무엇이 가짜인지 시비하고 분별할 아무런 이유가 없다.

메타버스 관련 인지과학자로 새롭고 독창적인 관점을 제시하며 저술 및 강연 활동을 펼치고 있는 김상균 교수의 저서 《메타버스-디지털 지구, 뜨는 것들의 세상》(2020, 플랜비디자인)에 따르면 사람들이 가상세계에 머무는 이유는 어른, 아이 상관없이 비슷하다고 한다. 현실에서 느끼는 탐험, 소통, 성취의 기쁨이 그것의 질 또는 양적인 측면에서 심적으로 어딘가 부족함과 갈증을 느끼기 때문이다. 메타버스 세계에는 사람들이 자신의 아날로그 삶에서 필연적으로 느끼던 감정적 결핍감을 대체해 줄 생생한 디지털 체험에 관한 욕망이 담겨 있다.

메타버스 디지털 지구 안에서의 소통 방식을 아날로그 세상에서의 소통 방식보다 더 재미있고 즐거운 것으로 느끼며 자라난 아이들의 세계관은 그들의 부모 세대가 세상을 인식하는 방식과는 분명 다른 차별점을 지니고 있을 것이다. 지금의 이 아이들은, 자신들이 살아가는 이 세계를 과연 어떤 눈으로 인식하고 있을까?

04 ───

알파세대가 누리는
삶의 실재감

"알파세대는 훌륭한 지도자의 자질이 있다. 이들은 역대급 기술력과 글로벌 단위의 연결성으로 가장 많이 교육받은 세대로 자라날 것이다. 이들이 인도하는 22세기는 매우 낙관적으로 보인다."

– 마크 맥크린들(Mark McCrindle)*

　세계적 명성을 지닌 프랑스 미술 평론가 모리스 드니(Maurice De-nis)는 인류의 역사와 문명에 큰 영향을 끼친 세 개의 사과 이야기를 했다. 이브의 사과, 뉴턴의 사과, 폴 세잔의 사과가 바로 그것이다. 2010년 미국 애플사의 스티브 잡스가 아이패드 1세대를 세상에 출시한 이후 많은 사람들은 애플의 '한 입 베어 먹은 모양의 사과'가 인류 역사에 큰 영향을 준 네 번째 사과라고 평하기 시작했다. PC를 지나

---

* '알파세대(Alpha generation)'라는 용어를 처음으로 창안한 호주의 사회학자. 그의 인터뷰 기사 중 일부를 발췌함.(출처 : 이코노미조선, 제342호, "알파세대, 디지털과 글로벌 연결성으로 중무장…혁신적 사고 갖춘 첫 '글로벌 세대'가 열 22세기 낙관적", http://economychosun.com/client/news/view.php?boardName=C00&t_num=13608688)

아이폰과 아이패드 등의 포스트 PC 시대를 열었을 뿐 아니라 인문학과 연계된 공학, 융합 학문의 바람을 불러일으켰기 때문이다. 애플사의 슬로건 '다르게 생각하라(Think different)'는 반항적 젊은이들 사이의 유행어가 되기도 했다.

알파세대(Alpha generation)는 스티브 잡스의 융합적 창조 정신이 반영된 아이패드가 이 세상에 출시된 2010년도부터 2024년까지 약 15년간 출생한 세대의 특징을 담아 부르는 말이다. 이 세대는 실제 이 세상에 태어나 옹알이를 하는 시기부터 아이패드로 각종 디지털 키즈 콘텐츠를 보며 성장한다. 어쩌면 종이 그림책보다도 디지털 기기의 화면과 터치를 통한 조작에 더 익숙하게 자라난 아이들이 많다. 언제든 유튜브와 넷플릭스로 원하는 채널 영상을 실시간 검색해서 감상하며, 인공지능 스피커에게 좋아하는 노래를 틀어달라고 요청하며 자란 아이들이다.

'알파세대'라는 용어는 호주의 사회학자 마크 맥크린들이 운영하는 연구소의 2008년도 리서치에서 최초로 창안된 것으로 알려진다. 해당 연구소에서는 2010~2024년에 태어난 아이들이 온전히 21세기 출생자로만 구성된 첫 번째 세대라는 상징성을 띠고 있기에 고대 그리스 알파벳의 첫 글자인 '알파'를 사용하게 되었다고 밝혔다.

마크 맥크린들은 우리가 알파세대에 주목해야 하는 이유를 다음과 같이 설명한다.

첫째, 그들은 역사상 인구수가 가장 많은 세대다. 2025년에는 약 20억 명으로 전 세계 인구의 25% 이상을 차지하게 될 것이다.

둘째, 알파세대의 수명은 사상 최고로 길어진다. 그들 대부분은 22세기까지 산다.

셋째, 이들은 기술력과 모빌리티(Mobility)*의 발전으로 문화적 다양성을 폭넓게 경험하는 첫 '글로벌 세대'이다. 태어나자마자 인공지능과 상호 작용하며 자라난 첫 세대이자, 제4차 산업혁명 시대의 대변혁기 변화 과정을 수용하고 이끌어가야 하는 아주 특별한 세대이다.

현재 초등학생 학령기를 보내고 있는 이 알파세대는 코로나19 장기화로 인하여 갑작스럽게 사람 간의 오프라인 모임을 강제로 저지당한 '독특한 어린 시절 경험'을 공유하는 세대로 기록될 것이다. 이 아이들의 학습 문화 역시 특별하고 새롭다. 담임 선생님과 함께하는 실시간 원격학습 그리고 친구들과 함께하는 '줌터디(Zoomtudy)' 문화가 새롭게 생겨났다. '줌터디'란 'Zoom'과 'Study'를 합친 신조어로 시간, 장소에 관계없이 세 명 이상의 친구들이 원격 화상 미팅 방에 모여 함께 소통하며 공부하는 것을 말한다. 혼자 집에 가둬진 채로 외롭게 고군

---

* 사전적으로는 '(사회적) 유동성 또는 이동성·기동성'을 뜻하지만, 일반적으로 사람들의 이동을 편리하게 하는 데 기여하는 각종 서비스나 이동 수단을 폭넓게 일컫는 말로 사용된다. 이는 '목적지까지 빠르고 편리하며 안전하게 이동함'을 핵심으로 한다. 자율주행차, 드론, 마이크로 모빌리티, 전기차 등 각종 이동 수단은 물론 차량 호출, 카쉐어링, 승차 공유, 스마트 물류, 차세대 지능형 교통 체계(C-ITS) 등이 모빌리티에 포함된다.

분투하며 공부하기보다는 줌터디를 하면서 친구들과 '함께' 소통하고 싶은 아이들의 자발성이 기저 심리에 깔려 있다.

알파세대 아이들과 초등학교에서 갑작스럽게 원격 화상 수업을 진행하고 있는 요즘, 나는 수업 중 종종 아이들에게 까마득한 '옛날이야기'를 들려주는 '옛날 사람'이 되어버렸다.

"애들아, 선생님이 초등학생 시절에 학교 컴퓨터실에 가서 컴퓨터를 켜면, 모니터 화면에 아무런 그림이 없는 검은색 바탕화면만 있었어. 학교 선생님은 검은색 모니터 위 깜빡이는 커서에 뜻 모를 영어 명령어를 타자기로 입력하라고 알려주셨지. 우리가 지금 사용하는 인터넷 세상은 선생님이 고등학교에 다닐 때 즈음 처음 시작된 거란다. 인터넷으로 연결되어서 원하는 시간에 동시에 만나 이렇게 화상으로 얼굴 보며 수업을 한다는 상상은 절대 해볼 수가 없던 시절이었지."

아이들은 나의 옛날이야기를 들으면, 그런 구닥다리 과거의 모습은 상상조차 할 수 없다는 듯 신기한 표정을 지어 보인다.

"그럼 인터넷이 생긴 지 정말 얼마 되지 않은 거네요?"

아이들의 놀라는 반응이 재미있어 이제는 사람들 사이에 가물가물 잊혀져가는 통신수단 '삐삐' 그리고 동네 골목길마다 서 있던 정겨운 '공중전화 부스' 이야기를 들려준다. 백 원짜리 동전을 연달아 넣어가며 친구와의 전화 통화를 아슬아슬 이어가던 공중전화 부스 안에서의 그 시절 추억들이 이제는 까마득한 옛 기억으로 잠겨 있다.

밀레니얼 세대인 나는 일상생활 속 디지털의 영향력이 그다지 크지 않은 초등학생 시절을 보냈고, 비교적 자아 정체성이 단단하게 형성된 고등학교 학창 시절 무렵부터 그래픽 유저 인터페이스(GUI, graphical user interface) 기반의 신기한 인터넷 세상을 맛보았다. 대학생이 되어서 스마트폰을 처음 접했던 나는 너무나 빠르게 변해 가는 디지털 환경에 적응하느라 가끔은 버겁기도 했다. 밀레니얼 세대의 어떤 이들은 자칭 얼리 어답터(early adopter)로 새로운 디지털 기기와의 만남 자체를 즐겼을지 모르겠지만, 나와 같은 태생적 기계치들도 다수 존재하리라 믿는다.

그런 내게는 코로나19 팬데믹으로 갑작스럽게 원격 수업을 진행해야 한다는 것이 심리적으로 매우 버거운 일이었음을 부정할 수 없다. 실시간 화상 수업에서 아이들의 집중력을 유지시키기 위해서는 여러 가지 다양한 교육용 소프트웨어를 활용해야 하기에, 그 사용법을 매번 새롭게 익혀나가야만 했다. 알파세대 아이들은 그런 나에게 아주 고마운 스승이기도 하다. 원격 수업을 하다가 종종 '새로운 기능'을 어디서 어떻게 적용해야 할지 어쩔 줄 몰라 할 때면, 아이들이 먼저 나에게 친절한 가르침을 주곤 한다. "선생님, ○○탭의 ○○버튼을 눌러보세요." 라고 말이다. 알파세대 아이들은 확실히 디지털 세상에서 더 많은 직관을 지녔다. 적어도 나보다는 훨씬 더 그러하다.

알파세대 아이들이 경험하는 세계는 전 세계가 촘촘히 연결된 디지털 글로벌 세상이다. 아이들은 부모님을 따라 외국으로 이민 간 친구와 원하면 언제든지 얼굴을 보며 대화를 나누는 화상 미팅을 할 수 있다. 외국인 선생님과 약속된 시간에 만나 영어로 의사소통을 하는 레슨을 받기도 한다. 인터넷에서 접하는 세계 지도는 지구상 어디든 우리가 궁금해하는 장소의 다양한 정보를 실시간으로 제공해 준다. 알파세대 아이들에게는 지구 안에 미지의 상상 속 나라 같은 건 없다. 지구본에 나와 있는 어떤 나라의 이름이건, 검색만 하면 각종 이미지와 동시에 다양한 지역 정보를 제공받을 수 있다. 시공의 물리적 제약을 초월하는 마법과도 같은 디지털 세계를 누비는 우리 아이들이다.

반면 나의 어린 시절에는 우리나라 밖의 물리적 공간은 상상 속의 환상 같은 세계였다. 영어 공부를 위해 소개받았던 외국인 친구와 한 달에 한 번씩 주고받던 국제 우편 펜팔(pen pal) 손편지가 도착하는 날이면, 나는 심장이 두근거려 터져버릴 것만 같았다. 손에 쥐어진 종이 편지에는 먼 나라의 향기가 고스란히 묻어 있었다. 낯선 언어로 쓰인 편지글을 서툴게 해석하면서 나는 동시에 손편지를 보내준 외국인 친구와의 실제 만남을 상상했었다. 그 무렵 내 기억 속 '시간과 공간의 거리감'이란 함께 마주하고 싶은 그리운 어떤 이와의 만남에 대한 소망으로 연결된다. 시공의 초월은 그저 눈을 감고 그리는 달콤한 꿈 같은 것이었다.

반면 알파세대 아이들은 디지털 세상에서 나이, 지위, 성별, 직업 등 특정 조건에 구애받지 않은 채 매우 다양한 불특정 다수의 삶과 캐릭터를 엿볼 수 있다. 하지만 그것이 완벽한 관계를 보장하지는 않는다. 아이들이 디지털 세상에서 접하는 다양한 인물 캐릭터들은 각자의 필요에 따라 드러내고 싶은 일부 단면으로만 각색되어 있기 때문이다. 아이들이 접하는 디지털 정체성은 불특정 다수에게 노출될 것임을 감안하여 제작된 것들이다. 아이들은 나와 타인이 공존하는 상황과 특수성을 고려한 '관계 맺음' 없이 그저 단편적인 여러 캐릭터의 일부 단면을 관찰할 뿐이다. 자신과 상대방이 함께 존재하는 구체적인 상황과 맥락 그리고 그에 따라 실시간으로 변화하는 상대의 미묘한 감정을 느끼고 알아차릴 경험은 극히 제한된다.

디지털 세계에서의 만남은 일정 부분 연출되어 있다. 보여주고 싶지 않은 모습은 편집해서 자르고 접속을 차단해서 가릴 수 있다. 하지만 아날로그 일상생활에서의 만남은 그럴 수가 없다. 싫어도 마주해야 하고, 보고 싶지 않은 걸 봐야 할 때도 있다. 인내와 기다림의 미덕이 함께할 수밖에 없다.

알파세대 아이들은 내가 아닌 누군가를 위해 참고 견디며 기다려본 경험이 거의 없다. 더욱 빠르고 편리하며 재미난 무언가가 언제나 손바닥 안 스마트폰 세상에 넘쳐나기 때문이다. 불편하고 지루한 것을 참아주는 것, 재미없는 것을 참아주는 것이 알파세대에게는 가장 괴로운 일일지도 모른다.

    디지털 세상에 연결되어 전 세계를 누비고 다양한 정보에 접속하여 자신을 표현하는 것이 나이와 상관없이 가능해진 세상을 누리고 있는 알파세대 아이들. 이들은 4차 산업혁명이라 불리는 새로운 인류 문명사의 첫걸음을 떼게 될 특별한 존재들이다. 하지만 중요한 성장기에 코로나19 팬데믹으로 인하여 갑작스러운 관계의 단절을 경험해 보았다. 집 안에 가두어진 채로 디지털 세상에서의 만남만을 강요당했다. 그로 인하여 아이들은 생전 처음으로 예전에는 미처 몰랐던 '인내'와 '기다림'의 감정을 경험하고 있다. 친구들과 만나서 몸을 움직이며 놀이하던 그 순간을 무척이나 그리워하고 있다. 부모님과 함께 바닷가에 가서 모래사장에 발을 파묻고 시원한 파도에 몸을 맡겨보던 그 순간이 다시 찾아오기를 간절히 기다리고 있다.

05 ——
유희와 창조의 예술 본능이
미래를 지배한다

"인간의 본원적 특성은 사유나 노동이 아니라 놀이이며, 인류의 문명은 놀이의 충동에서 나온 것이다."

– 요한 하위징아(Johan Huizinga)*

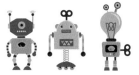

'유희'의 사전적 의미는 '즐겁게 놀며 장난하는 것'이고, '예술'이란 사회 경제적 가치 체계를 초월한 독창적 이상 세계를 지향하고 표현하는 것이다. 그리고 '본능'이란 지구상 모든 생명체 중 인간을 가장 우월한 존재로 믿게 만들어준 '이성'과 대치되는 개념이다. 그런데 유희와 창조를 추구하는 예술 본능이 미래의 삶을 지배한다면 어떨까. 장난스럽게 놀이하며 자신만의 즐거움에 빠진 채 냉철한 이성적 감각이 소실되어버린 어른아이로 가득 찬 미래 세계를 상상해 본 적이 있는가? 예상컨대 이 시대 많은 부모가 근심과 걱정 어린 눈빛을 숨기지

---

*   네덜란드 역사가이자《호모 루덴스》(2018, 연암서가)의 저자. 네덜란드 그로닝겐대학교, 레이덴대학교의 역사 교수를 지냈다.

못할 것이다.

기성세대가 자라던 시절, 많은 사람들의 공통된 인식 중 하나는 순간적인 감정을 통제하고 냉철한 이성으로 무장하여 철저한 계획에 따라 꿈과 성공을 향해 달려나가는 사람이 모범적 인간상이라는 것이었다. 중고등학교 학창 시절, 책상 모퉁이 어딘가에 'No pain, no gain'이라는 문구를 적어두고는 성공적인 미래를 상상하며 인고의 문제풀이 시간을 견뎌내던 그때 그 시절을 회상해 보라. 사회적 성공을 보장받기 위해서는 친구들과 장난스럽게 놀고 싶던 굴뚝 같은 마음을 포기해야만 했다.

예술은 또 어떤가? 부유한 집안 아이들의 특권이거나 아니면 평생 배고픈 예술가로 가난한 삶을 살아가도 좋을 만큼의 예술적 열정을 가진 특별한 아이들에게나 허락된 것처럼 여겨졌다. 세계 최고로 인정받기 위해서는 처절히 몸부림치며 애쓰고 노력해야 하며, 그러한 열정을 지닌 자만이 진정한 예술가라고 생각했다.

우리 모두는 자고로 고통을 수반한 노력만이 성공을 보장할 수 있다고 믿는 노력 중독 사회에서 성장해 왔다. 그렇기에 나 스스로가 즐거운 마음으로 '적당히' 무언가를 배우고 있다면 자동적 무의식이 발동하게 된다.

'이 정도 노력으로 뭐가 되겠는가?'

'죽을 만큼 열심히 노력하는 사람들이 주변에 이렇게 많은데 내가

성공할 자격이 있는가?'

우리의 의식 속에는 고통스러울 만큼 노력하지 않으면 성공하지 못한 삶을 살아야 할 것 같다는 강박이 있다. 이처럼 자기 비판의 자조적 목소리로 고백 아닌 고백을 하게 만드는 세상에서 우리는 성장했다. 그런데 과연, 그렇게 자라온 우리의 삶은 얼마나 행복한가?

이런 강박과 무의식은 아이를 낳고 부모가 되어서도 그치지 않는다. 학업을 위한 고통을 감내하지 못하거나 노력을 보이지 않는 자식을 바라보게 되면, 우리는 '저 아이도 성공과는 거리가 멀었구나.'라고 내심 실망하며 한숨짓는다. 대다수의 부모 심정이 그렇다. 믿는 대로 바라보게 되기 때문에.

대다수 기성세대의 무의식을 사로잡고 있는 '고통스러울 만큼 노력해야 성공한다'라는 관념은 안타깝게도 사회적인 관점에서 득보다 실이 더 많다. 사회학자 에밀 뒤르켐(Emile Durkheim)은 "노력만 하면 다 할 수 있어."라는 사회적 분위기가 더 높은 자살률을 낳고 있고, 그 이유는 성공에 대한 부담과 실패에 대한 책임 모두를 제도적 관점에서 살피지 않은 채 개인에게 돌리고 있기 때문이라 했다.

세계적으로 저명한 철학가이자 작가인 알랭드 보통(Alain de Botton)은 성공에 대한 주관적 잣대를 가질 때만이 우리 시대를 병들게 하는 성과주의에서 벗어날 수 있다고 했다. 성공에 대한 주관적 잣대를 가진 사회에서 개개인은 남의 눈치를 보지 않고 각자의 개성과 주관에 따라 다양한 분야에서 자기 삶을 계획하고 방향성을 그려갈 수 있다. 그렇게 자신만의 특별한 성공을 꿈꾸는 내적 기준을 지니게 된다. 상상만 해도 행복한 사회다.

인간은 사회적인 존재다. 따라서 개인은 혼자만의 힘으로 살아갈 수 없을 뿐 아니라 자신을 둘러싼 물리적, 사회적, 인적 조건과 환경에 지대한 영향을 받고 산다. 내가 당연하다고 믿고 사는 가치관과 의식 대다수가 실상은 그 시대의 사회문화적 환경으로 인해 정립된 패러다임 하의 여러 관념일 뿐이다.

우리 사회의 기성세대가 살아온 1960~2000년은 시대적으로 20세기이며, 현재 학교 교육을 받고 자라나고 있는 세대는 2000년 이후, 즉 20세기를 경험해 보지 못한 21세기의 아이들이다. 20세기에 자신의 젊음과 청춘을 보내온 기성세대는 산업화로 인한 인간 소외를 극복하고자 노력했다. 민주주의를 향한 열망을 품었고, 이상적 사회를 향해서 개인의 열정을 바칠 수 있는 젊음과 패기를 소중히 여겼다. 개인의 자유보다는 조직과 국가의 성장과 발전이 더 상위 차원의 고결한 가치로 여겨지던 시대를 살아왔다. 또한 자본주의 경제 가치에 따라 생산성을 따지며, 집단의 효율성을 위해 직업의 분업화와 전문화를 강조하던 분위기에 익숙하게 길들여졌다.

그러나 작금의 학교 교육을 받고 자라나는 아이들을 떠올려보자. 이들은 어린 시절부터 인류 보편적 인권 개념을 매우 중요한 가치로 교육받으며 성장한다. 인터넷으로 연결된 정보 민주화 세상에서 나이, 성별, 직업, 계층과 무관하게 원하는 지식에 접근할 수 있으며, 시공간을 초월한 디지털 가상세계에서 다양한 자기 정체성을 실험하며 성장한다. 나이가 많다고 권위가 높다고 여기지 아니하며, 자신이 속했던 조직이 요구하는 과잉 충성심과 개인의 자유가 갈등하는 순간이 올 때 조직을 위해 개인의 자유를 희생시키는 상황 따위는 결코 용납할 수 없을 것이다. 학벌과 인맥, 대형 자본으로 무장한 거대 기업과 조직의 울타리에서 보호받지 않더라도 디지털 세상 안에는 다양한 가능성이 잠재하기 때문이다. 이들은 디지털 가상세계 안에서라면 개인의 개성과 아이디어만으로도 뜻밖의 어떤 부와 성취를 맛볼 수 있다는 것을 직감하고 있다.

요즘 아이들이 학교에 와서 그리는 가족화 풍경 안에는 누워서 스마트폰을 하는 엄마 아빠의 모습이 굉장히 많이 그려져 있다. 식당에 외식하러 갔을 때 주변을 살펴 관찰할 수 있는 다양한 가족들의 모습을 떠올려보자. 엄마 아빠의 눈을 보지 않고 핸드폰에 열중하는 중고생 자녀, 엄마 아빠의 편안한 식사 시간을 위해 디지털 패드에 눈을 굴리고 있는 영유아 자녀들의 모습이 이제는 전혀 낯설지가 않다. 그만큼 디지털 가상세계는 매력적이다.

아이들은 마우스 위에 얹은 손가락 클릭 몇 번과 드래그 앤드 드롭

(Drag and drop) 기능으로 다양한 소프트웨어를 활용해 수많은 디지털 콘텐츠를 창조한다. 무료 혹은 매우 저렴한 가격으로 손쉽게 디지털 이미지와 사운드, 텍스트 글꼴을 조합하여 자신이 원하는 시각 매체를 창조적으로 제작할 수 있다. 그리고 그것을 웹 페이지에 자유롭게 업로드하여 타인과 소통할 수 있다. 생각해 보면 이러한 행위의 본질 자체는 예술가의 창작 행위와 별반 다를 게 없다.

아날로그 현실 세계는 우리에게 많은 학습(Input)을 강제한다. 현실 세계에는 내 생각과 무관하게 나에게 부여된 사회적 역할, 지켜야 할 규범들이 가득하다. 그러나 디지털 가상세계에는 쉽게 접근할 수 있는 다양한 정보, 복제와 변형이 자유로운 이미지, 시공간을 초월한 불특정 다수의 인물과 연결되어 소통할 수 있다는 무한한 가능성이 있다. 뿐만 아니라 무엇보다도 이 모든 과정이 오랜 시간과 힘겨운 노력을 투입하지 않더라도 매우 빠르고 손쉽게 이루어진다는 강점도 있다.

디지털 세계는 인풋(정보에의 접근과 습득)과 아웃풋(디지털 창작과 표현)이 어느 쪽에도 치우침 없이 동시적으로 신속하게 가능해진 특별한 세상이다. 그곳에서 사람들은 아날로그 현실 세계에서 '경험해 보지 못한' 그러나 '경험해 보고 싶은' 다양한 체험을 추구한다. 인간은 본디 결핍에서 비롯된 욕망 그리고 새로움과 즐거움을 추구하는 본성을 갖고 있기 때문이다.

아날로그 현실 세계에서는 타인의 시선을 의식하느라 자신의 욕망을 드러내기는커녕 발견하기조차 어렵다. 새로움과 즐거움을 맛보기 원한다면 꽤 많은 시간과 돈을 투자해야 한다. 하지만 디지털 세계는 다르다. 그러한 연유로 사람들은 점점 더 디지털 가상세계가 주는 매력에 빠져들어 자신에게 주어진 많은 시간을 그곳에서 머물고 싶어 한다.

디지털 루덴스(Digital Ludens)란 '디지털(Digital)'과 인간 유희를 뜻하는 '호모 루덴스(Homo Ludens)*'의 합성어로 디지털 데이터를 적극적으로 활용하여 예술이나 기타 창조 활동을 하는 이들을 지칭하는 말이다. 호모 루덴스라는 말에 내포되어 있듯이 인간 자체의 태생적 본성에는 특별한 목적이 없어도 그저 즐거움을 위해서라면 놀이를 추구하는 성향이 있다. 그러나 고도의 산업화, 문명화, 분업화와 전문화가 심화되면서 우리는 합리적 이성과 최고의 경제적 생산성을 추구하는 인간상을 맹목적으로 추종하게 되었다. 근대식 산업화 시스템으로 이렇게 우리는 인류의 집단 무의식에 저장되어 있던 호모 루덴스의 본성을 억압당했고, 잊어갔다.

---

* '놀이하는 인간'을 뜻하는 말로, 인간의 속성을 '유희'의 관점에서 파악하는 인간관이다. 네덜란드의 문화사학자 요한 하위징아(Johan Huizinga)가 제시한 개념으로, 저서《호모 루덴스》에서 그는 "놀이는 문화의 한 요소가 아니라 문화 그 자체가 놀이의 성격을 가지고 있다"고 역설했다.

포스트 코로나 시대의 주역이 될 알파세대 아이들은 어릴 때부터 자연스럽게 인공지능과 상호 작용한다. 자신의 의도를 디지털 세계에 전달하는 것에도 친숙하게 길들여져 있다. 디지털 가상세계는 편리하고 유용하며 아름답고 재밌다. 고난과 역경, 어려움 따위는 잘 드러나지 않는다. 왜일까? 아날로그 현실 세계에서 할 수 있는 비슷한 체험을 디지털 세계에서도 또다시 반복적으로 하고 싶은 사람은 없기 때문이다. 반면 디지털 세계에서는 아날로그 세계에서 채워지지 못한 인간의 여러 본능과 욕구를 이상적으로 구현할 수 있다. 디지털 세상에는 무한한 가능성이 있다. 그렇기에 그동안 잊혀졌던 인간의 유희와 창조를 추구하는 예술 본능이 다시금 잠 깨서 일어나고 있다.

06 ——
지식 교육을 벗어나
지혜의 교육으로

"지식을 얻으려면 공부를 해야 하고, 지혜를 얻으려면 관찰을 해야 한다."
– 마릴린 보스 사번트(Marilyn vos Savant)*

　현명한 판단력과 결단력을 지닌 이스라엘 '지혜의 왕' 솔로몬. 그의
놀라운 지혜를 보여주는 여러 일화가 있다. 그중 한 일화를 소개해 보
고자 한다.

　같은 시기에 같은 집에서 아이를 낳았던 두 여인이 있다. 그런데 갑
작스럽게 한 아기가 죽었고, 두 여인은 살아 있는 아이가 서로 자신이
낳은 아이라며 우기고 다투다가 솔로몬 왕을 찾아온다. 솔로몬 왕은
아기를 반으로 잘라 나눠 가지라고 명령을 한다. 왕의 명을 받은 병사
는 당장 칼을 들어 아이를 반쪽 낼 기세다. 그 상황에서 둘 중 한 여인

———————

*　미국의 칼럼니스트.

은 얼굴 표정 하나 변하지 않은 채 버티고 있었고, 다른 한 여인은 숨이 넘어갈 듯 놀라서 자기가 친모가 아니니 다른 여인에게 아이를 주라고 말한다. 누가 아이의 친모일까? 솔로몬은 두 여인을 자세히 관찰하였고 친모를 분별할 만한 상황을 조성하였다. 솔로몬 왕은 어떤 특별한 법률 지식을 적용한 것이 아니다. 상황과 감정을 면밀히 관찰하며 헤아렸을 뿐.

지식과 정보가 넘쳐나는 세상이다. 온라인 검색만 하면 웬만한 전문 지식은 무료로 어렵지 않게 구할 수 있는 디지털 지식 정보화 시대를 맞이했다. 나이와 성별, 직업에 따른 차별 없이 누구나 세상의 무수히 많은 지식을 향유할 권리를 갖게 되었다. 하지만 많은 현대인은 스스로 자기 삶을 어떻게 이끌어나가야 할지 모르는 막연한 불안감에 사로잡혀 살고 있다. 삶은 선택의 연속이기 때문이다. '이 옷을 살까, 저 옷을 살까?'부터 시작해서 '과연 이 사람과 결혼해도 될까?'까지, 정보 범람의 시대에 사람들은 더 좋은 선택을 해야 할 것 같은 강박증에 시달린다. 미국의 심리학자 배리 슈워츠(Barry Schwartz)가 제시한 선택의 역설(the paradox of choice) 현상에 시달리고 있는 것이다.

여러분도 일상의 사소한 선택 앞에서조차 자신의 직관을 믿지 못하고 온라인 검색에 과도한 시간을 투자하고 있지는 않은가? 21세기 들어 정보의 고도 전문화가 이뤄졌고, 일반 대중의 학력 수준도 매우 높아졌다. 그런데 전문 지식이 요구되는 직업 영역도 아닌, 일상생활과 평범한 삶의 선택 앞에서 놀라울 만큼 주저하며 망설이는 사람들의 심리 상태를 우리는 어떻게 설명할 수 있을까?

근대 시대 이래로 우리는 합리주의 이성적 사고를 인간이 누리는 가장 고차원적인 지적 능력이라 맹신하게 되었다. 논리적, 합리적 사고를 방해하는 감정이나 직관은 신뢰할 수 없는 것으로 간주하곤 했다. 친한 친구가 나에게 "너는 정말 감정적이야."라고 말했다고 상상해 보자. 여기서 '감정적'이라는 말은 긍정적으로 해석되기보다 '감정에 사로잡혀 논리적이고 이성적인 사고를 못 하는' 성향을 설명하기 위해 사용한 것처럼 느껴진다. 왜일까? '감정적'이기보다 감정을 빼고 냉철한 이성만으로 합리적 사고를 하는 사람이 마치 똑똑한 사람인 것처럼 판단하는 사회문화적 인식 체계 틀 안에서 우리가 성장해 왔기 때문이다. 하지만 그 결과, 우리는 논리적으로 설명할 수 없는 상황과 분위기 그리고 맥락을 읽는 인간의 직관력을 상당 부분 불신하게 되었다. 이로써 많은 현대인은 순간순간 인간으로서 자연스럽게 일어나는 자기 스스로의 감정조차 신뢰하지 못하고 불안감을 느낀다.

어릴 때부터 우리는 자기 삶의 주인이 되려면, 다시 말해 내가 원하는 대로 삶을 이끌어가려면 자유롭고 싶은 자신의 욕구를 억제하며 계획성 있게 살아가야 한다고 교육받아왔다. 개인의 노력에 따라 더 많은 사회적 성취를 이룰 수 있는 능력주의 현대 사회에서 '계획성 있는 삶'은 성공을 위한 필수 덕목이었다.

많은 이들이 계획은 미래를 위한 설계도라고 말한다. 우리는 설계도 없이 집을 지을 수 없듯이 계획 없이는 성공을 이룰 수 없다고 믿어왔다. 플랜A부터 플랜B 그리고 만약을 대비한 플랜C까지 구체적인 계획이 준비되지 않으면 왠지 모를 불안감에 휩싸이는 사람들이 많다. 혹시 당신이 '계획성 있는 삶'의 가치를 주입당했다면 '계획성이 부족하다'는 말을 '무책임하고 무능하다'는 말과 동의어로까지 확대 해석하며 자책해 본 경험이 있을지 모른다.

계획이 없는 삶도 불안하긴 하지만 삶이 계획대로 되지 않을 때는 어떨까? 그 심정은 차마 말로 표현이 안 될 만큼 괴로울 것이다. 자기 삶의 목표와 목표 달성을 위한 계획을 정립하고, 그에 대한 시간과 에너지를 투자하며 열과 성을 다한 사람일수록 좌절감을 크게 느끼게 될 것이다. 하지만 학창 시절을 흘려보내고 사회인으로서 십 년 이상을 살아온 사람이라면 누구나 느꼈을 것이다. "삶이 계획대로만 흘러가던가?" 절대로 그렇지 않다. 삶은 그리 호락호락하지 않다.

과거에는 집안에서 나이 많은 연장자가 가족 구성원 삶의 중요한 결정을 내릴 때 의사 결정에 관한 많은 권한을 가졌다. 따라서 삶의 중요한 순간에는 집안의 웃어른을 찾아뵙고 지혜를 구했다. 하지만 온 세상의 지식과 정보가 온라인 세상을 통해 유통되고, 사회 변화의 속도가 급격하고 복잡해지면서 윗세대 연장자들의 경험과 연륜은 더 이상 젊은 세대에게 큰 영향력을 행사할 수 없게 되었다. 사람들은 삶의 중요한 선택을 위해 관련 분야의 전문가를 찾아가 비용을 지불하며 상담을 받거나 온라인에서 검색한 정보를 종합하여 스스로 판단을 내리곤 한다. 그만큼 온라인 세상에서 쉽고 빠르게 원하는 정보를 접할 수 있게 된 것이다. 그러나 선택의 결과에 대한 책임은 모두 자기 스스로에게 주어지는 심리적 부담감도 동시에 끌어안아야 한다. 그런 현대인의 삶은 고독하고 외롭다.

많은 사람들은 실제로 삶의 갈등 상황에 직면했을 때 친구와 가족을 만나 상의하고 의견을 구하기보다 온라인상의 커뮤니티 카페, SNS 등에 글을 올린다. 익명으로 자신의 존재를 감추고 문제에 대한 불특정 타인의 객관적 의견을 구해 보려고 하기 때문이다. 친구와 가족에게 자신의 문제를 알리는 것보다는 차라리 그편이 더 마음 편하다는 사람이 많아지고 있다.

하지만 온라인상의 불특정 타인이 달아준 댓글은 과연 얼마나 객관적이며 신뢰할 수 있는 것일까? 피상적이고 단편적으로 작성된 글을 읽고 글쓴이에 대한 애정과 관심을 느끼지 못한 채 써내려간 댓글은 대부분 비슷한 상황에 비슷한 경험을 한 누군가가 자신의 주관적 관점을 투사하여 즉흥적으로 작성한 것들이다. 온라인상에 장문의 글을 정성스럽게 작성한 본인의 무의식도 그걸 느끼고 있을 것이다. 그렇기에 마음 저 깊숙한 곳에서 올라오는 불안감은 쉽게 극복되지 않는다.

완전하게 객관적이고 합리적인 지식을 내 삶에 적용하면 더 만족스러운 선택을 할 수 있고 문제를 해결해 나갈 수 있다는 믿음은 그릇된 것이다. 이제 그걸 깨달아야 할 시대가 도래한 것 같다. 솔로몬 왕이 그러했던 것처럼 지식보다는 구체적인 상황 속 인물들의 감정을 진실한 눈으로 헤아려야 한다. 또 인물이 처한 상황, 표면적으로 드러난 말과 행동의 이면을 넘어서 숨겨진 사람들의 욕망과 마음 상태를 파악할 줄 알아야 한다. 구체적인 상황의 전체적 분위기, 인물의 내면 깊숙한 감정을 읽는 사람이 지혜롭게 삶의 문제를 해결해 나갈 수 있는 역량을 갖춘 사람이다.

현재 우리는 지식이 넘쳐나지만 지혜는 부족한 세상을 살아가고 있다. 지혜의 결핍으로 정신적, 심리적 고통을 겪는 사람들이 많아지고 있다. 그럴수록 이 사회는 앞으로 더욱더 지혜로움에 대한 갈망이 넘쳐나게 될 것이다.

교육의 영역에서도 마찬가지다. 지식 교육에서 지혜를 추구하는 교육으로 패러다임이 변화해 나갈 것이다. 아무리 똑똑한 인공지능 기술일지라 해도 인공지능 기계는 그 상황만의 특별한 분위기나 인간의 미묘한 감정과 숨겨진 욕망을 헤아릴 수 없다. 미래 교육이 왜 지식 교육을 벗어나 지혜의 교육으로 가야만 하는지 다시 한번 확인해 볼 수 있는 대목이다.

인공지능시대와 알파세대의 등장
미래 교육의 맥을 짚는 학교 현장 교사의 질문과 성찰

Part 2 - - - - - - -
인공지능시대,
무엇을 어떻게
가르칠 것인가?

01 ———
모라벡의 역설을 기억하자

"인간에게 쉬운 일은 컴퓨터에게 어려우며, 컴퓨터에게 쉬운 일은 인간에게 어렵다."

– 한스 모라벡(Hans Moravec)*

"선생님! 우리가 어른이 된 시절에는요, 인공지능이 우리 일자리를 빼앗아갈 수 있대요."

"얘들아, 우리 그러니까 공부 열심히 해야 해."

"맞아, 인공지능 발달 때문에 지금 일자리가 앞으로는 거의 다 없어지고 새로운 직업들이 생길 거래요."

2021년 초등학교 수업 중 아이들 사이에서 오고 간 자연스러운 대화이다.

---

* 카네기멜론대학교 부설 로봇연구소(The Robotics Institute) 교수. 로봇공학과 인공지능에 대한 연구 전문가로, 인공지능과 미래 예측에 대한 화제작《마음의 아이들》(2011, 김영사)을 출간한 바 있다.

요즘 아이들에게 인공지능(AI, Artificial Intelligence)이라는 용어는 낯설지가 않다. 사람 없이 운용되는 무인 상점에 들어가 물건을 사고, 집에서는 AI 음성 인식 스피커에게 "노래 틀어줘."라고 말을 건다. 엄마가 로봇청소기를 돌려놓으면 자동으로 장애물을 피해 방향을 틀어가며 먼지를 흡수하는 스마트 가전제품이 매우 익숙한 아이들이다. 부모님이 반자율주행 기능이 적용된 새 자동차를 사게 된다면, 운전 중에 핸들에서 손을 떼고 차 밖 풍경을 살피는 낯선 부모님의 모습을 목격할 수도 있다.

우리는 인공지능 기술이 탑재된 신개발 전자제품 광고를 보면 감탄사를 연발한다. 동시에 너무나 똑똑해진 인공지능이 인간의 일자리를 빼앗아갈까 걱정하는 마음을 숨기지 못한다. 사람들은 돈을 더 많이 벌어 인공지능 기술력을 더 많이 누리고자 한다. 그리고 인공지능과의 경쟁에서 승리해 일자리를 빼앗기지 않고 더 많은 부유함을 누리고 싶어 한다. 우리는 한없이 똑똑하게 진화 중인 인공지능에게 경쟁심과 열등감을 느끼곤 한다. 정작 인공지능은 인간에게 아무런 감정도 느낄 수 없는데 말이다.

인간은 오랜 시간 진화하며 끊임없이 새롭고 유용한 기계와 도구를 창조했다. 하늘을 나는 새를 보며 날고 싶은 욕망을 투영했고, 그러한 인간의 자연스러운 욕망과 꿈은 인류사에 비행기 발명을 가능하게 했다. 한 사람이 꿈꾸면 헛된 망상일 뿐인 것도 많은 이들이 꿈꾸면 현실이 되었다.

우리는 지금보다 더 편리한 삶을 끊임없이 꿈꿔왔다. 우리가 '인공지능'이라 부르는 대상 역시 그 본질은 더 나은 삶의 윤택함을 누리고자 했던 많은 이들의 욕망이 투사된 기계와 도구일 뿐이다. 어린아이들의 그림, 즉 평범한 아동화를 떠올려보자. 아동 미술 표현의 특징 중 하나는 다름 아닌 '의인화'에 있다. 사람이 아닌 것을 사람에 빗대어 표현하는 것이 바로 의인화다. 많은 평범한 아동화에 등장하는 이미지는 웃는 얼굴의 눈 모양, 슬픔을 표현하려는 눈물방울 등 감정을 나타내는 상징이 포함된다. 여기에는 주변의 모든 대상을 사람처럼 느끼고자 하는 아이들의 자연스러운 본성이 드러난다.

아이들은 자기 주변의 모든 대상을 의인화하길 좋아한다. 침대 옆 한구석을 차지한 곰 인형에게 자기를 닮은 친구 대하듯 말을 건다. 집 밖을 나서 "짹짹" 소리 내는 아기 새를 보아도 "안녕?" 하고 사람 대하듯 인사한다.

아이들만 그러한가? 어른들이 즐겨보는 드라마와 책 속 스토리도 사람이 아니지만 소통할 수 있는 많은 대상이 있다. 애니메이션 속의 다양한 캐릭터들을 떠올려보자. 사람이 아니지만 사람을 닮아 감정을 나눌 수 있고 대화할 수 있는 무수히 많은 캐릭터들이 있다. 이러한 인간의 본성이 그저 똑똑한 계산기에 불과했던 '과거 초창기의 인공지능 기술'에 다양한 신융합 기술을 덧붙여 더욱 '사람을 닮은 기계인 현재의 인공지능 기술'에 다다르게 한 것은 아닐까?

인공지능의 역사를 살펴보자. 1950년대 영국 수학자 앨런 튜링 (Alan Mathison Turing)은 〈계산 기계와 지능(Computing Machinery and Intelligence)〉[*]이라는 논문에서 기계가 생각을 할 수 있는지 테스트하는 방법, 지능적 기계의 개발 가능성, 학습하는 기계 등을 설명하는 '튜링 테스트'와 '머신 러닝' 아이디어를 제안하였다. 그의 아이디어는 존 폰 노이만(John von Neumann)[**] 교수에게 직간접적인 영향을 주어 현대 컴퓨터 구조의 표준이 되었고, 사람들은 이것을 인공지능 역사의 시작이라 여긴다.

인공지능 개념의 시초로 여겨지는 앨런 튜링의 논문 제목이 〈계산 기계와 지능〉이라는 것에 주목해 보자. 이는 인공지능이 '계산'에 특화된 기계이며, 인간의 지적 능력을 뜻하는 '지능'이라는 개념어를 기계에 덧붙여도 좋을 만큼의 긍정적 가치를 부여한 컴퓨팅 사고(Computational Thinking)의 구현물임을 유추해 볼 수 있다.

매우 똑똑한 계산기에 불과하던 인공지능 기술이 점점 더 사람처럼

---

[*] 현대 컴퓨터의 기원인 '튜링기계(Turing machine)' 개념을 제안한 논문으로 인공지능의 개념과 구현 방법을 확립한 논문으로 평가되고 있다.

[**] 폰 노이만은 논문 〈전자계산기의 이론 설계 서론〉에서 프로세서, 메모리 하드웨어 구조를 제시하고 프로그램을 내장하여 하드웨어의 변경 없이 컴퓨터를 구동하는 아이디어를 처음 제시했다. 그래서 현대의 컴퓨터 구조를 폰 노이만 구조(von Neumann architecture)라고 부른다.

느껴질 수 있게 진화한 이유는 다름 아닌 빅데이터 기술에 음성과 이미지 인식 기술이 덧붙여졌기 때문이다. 인공지능은 사람의 목소리에 반응하고 주변 세계의 이미지를 정보 처리하여 대상의 용도와 쓰임을 파악한다. 방대한 데이터 처리를 신속히 수행하며 끊임없이 패턴 인식과 추론을 해나간다.

인공지능 기술 기반 자율주행 자동차는 도로 주변의 장애물을 스스로 인식하고 피해 갈 수 있다. 이것은 외부 세계의 이미지를 센서 기술로 인식하여 정보를 입력받고, 빅데이터에 근거한 다양한 사례 기반 정보 처리를 거친 후 장애물을 피할지 말지 확률적으로 계산하여 내리는 기계식 판단에 따르는 과정이다. 이미지를 읽고 외부 세계의 소리에 반응한다는 점에서 사람과 매우 비슷하게 느껴지기는 하지만, 그 본질은 패턴 인식을 통한 추상화, 자동화에 능한 계산 기계라는 것에서 변화하지 않는다.

사람들은 기존의 것에 새로 무언가를 추가해 놀라움과 경이로움을 자아내는 창조 활동을 즐긴다. 점점 더 사람의 정신적 두뇌를 닮아가는 인공지능 기술력에 인간의 외적 모습을 닮은 로봇공학을 융합한 휴머노이드 로봇(Humanoid, 인간형 로봇) 개발은 어른들에게 어릴 적 SF 만화영화에서 보았던 상상의 미래가 실제로 다가온 것 같은 충격을 안겨주기도 한다.

홍콩의 핸슨 로보틱스에서 개발한 인공지능 로봇 '소피아'가 2018

년 1월 29일 서울 플라자호텔에 방문했을 때, 사람들은 실제 사람과 매우 유사한 외모에 눈길을 사로잡혔다. 배우 오드리 헵번의 얼굴을 본뜬 것으로 알려진 소피아는 62가지 감정을 얼굴로 표현할 수 있다고 한다. 하지만 인공지능 로봇 소피아에 관하여 여러 로봇공학 전문가들은 공통된 비판적 소견을 내놓기도 했다. 소피아가 실재하는 상대방의 발화 내용을 이해하고 자신의 의견을 이야기한 것이 아니라, 미리 설정된 각본에 따라 입력된 정보를 연기한 쇼(Show)를 했을 뿐이라는 것이다.

인간과 교감하는 휴머노이드 로봇 인공지능이 갖춰야 할 첫째 소양은 인간의 감정을 정확하게 읽는 능력이다. 하지만 이에 대한 명확한 근거는 여전히 밝혀진 바가 없다. 마이크로소프트 리서치의 수석 연구원이자 USC 아넨버그의 연구 교수인 케이트 크로퍼드(Kate Crawford)는 최근 출간한 저서 《Atlas of AI : Power, Politics, and the Planetary Costs of Artificial Intelligence》(2021, Yale University press)를 통해 "표정이 사람의 감정을 드러낸다는 명확한 증거는 없다. 하지만 세계적인 기업들은 그렇게 믿기를 원하지 않는다."라는 견해를 밝힌 바 있다. 인공지능이 사람의 표정을 인식하여 인간의 감정을 읽고 인간의 좋은 친구가 되어줄 수 있다며 인공지능 로봇을 세상에 내놓고자 하는 기업들은 여전히 많은 심판대에 올라 검증을 거쳐야만 할 운명이다.

최근 들어 초등학생들 사이에 많이 읽히는 《담임 선생님은 AI》(이경화, 2018, 창비)라는 책을 보면, 인공지능과 인간의 차이를 더욱 쉽게 공감하고 이해할 수 있게 된다. 책 속의 인공지능 담임 교사는 많은 데이터를 처리할 수 있기에 학습적으로 정확하게 많은 지식을 알려줄 수 있다. 규칙에 따른 공정한 벌점 부과도 확실하다. 하지만 아이들은 점점 더 선생님이 자기 마음에 공감해 주기를 원한다. 머리를 땋아주며 교감하고, 즐거운 추억을 쌓아가고 그 기억을 공유하기를 바란다.

1970년대 미국 카네기멜론대학(CMU) 로봇 공학자 한스 모라벡은 컴퓨터와 인간의 능력이 서로 다르게 특화되어 있음을 역설적으로 표현했다. 인간은 걷기, 말하기, 듣기, 보기, 느끼기 등 일상적인 행위는 매우 쉽게 할 수 있다. 하지만 복잡한 수식의 계산을 하기 위해서는 많은 시간과 에너지를 투자해야 한다. 이와 반대로 컴퓨터에게는 수리 계산, 논리 분석 등이 쉽게 해결할 수 있는 영역이다. 그러나 인간이 하는 일상적인 행위 자체를 수행하기는 매우 어렵다. 이를 우리는 '모라벡의 역설(Moravec's Paradox)'이라 부른다. 완벽할 것만 같고 그 완벽함으로 무장해 인간에게 열등감을 느끼게 할 것만 같은 인공지능에게 인간을 닮고 싶어도 흉내 내기 어려운 능력은 다름 아닌 우리 인간이 영위하는 일상 속 느낌과 감정, 삶 그 자체인 것이다.

02 ———
인공지능으로 대체할 수 없는 것

"지금 현재 학교에서 아이들에게 가르치는 80~90%의 것은 그들이 40대가 되었을 때 별로 쓸모없는 것이 될 확률이 높다. ⋯ 앞으로 30~40년 후, 2050년에 세상이 어떨지 전혀 알 수가 없다. 우리가 알 수 있는 것은 지금과 완전히 다르다는 것 하나뿐이다."

– 유발 하라리(Yuval Noah Harari)＊

　세기의 석학, 저명한 역사학자 유발 하라리의 위 이야기는 앞으로의 학교 교육이 지금까지와는 완전히 달라져야 한다며 경고장을 내미는 것처럼 느껴진다. 학교에서 아이들에게 열심히 이런저런 것들을 가르치는 선생님 입장에서는 '쓸모없어질' 것을 가르치는 학교라는 말이 참 가슴 아프게 와닿는다. '쓸모 있는'과 '쓸모없는'의 가치 판단은 시대별 삶의 방식과 문화에 따라 달라지겠지만 변치 않는 사실은 세상이 복잡하게 변해갈 때마다 학교가 가르쳐야 할 내용과 덕목은 그에 비례하여 늘어만 갔다는 점이다.

＊　이스라엘의 역사학 교수. 세계적인 스테디셀러《사피엔스》(2020, 김영사)의 저자.

실례를 들어, 1990년대 세계화, 정보화의 물결로 국가 교육과정 내 영어과 수업 시수가 2007년 개정된 7차 교육과정을 기준으로 점차 확대되었다. 2009 개정 교육과정에서는 국가·사회적으로 중요하게 요구되는 학습 내용을 범교과 학습 주제(학교폭력예방교육 및 사이버예방교육 등)로 설정하여 교과와 창의적 체험활동 등 학교 교육 활동 전반에 걸쳐 의무적으로 다루도록 했다.

2014년 충격의 세월호 사건이 일어난 이후에는 안전의식 제고를 위해 학교에 '생존수영'이 의무 코스로 도입되기도 했다. 그리고 초등학교에서 1~2학년 저학년을 대상으로 생활, 교통, 신변, 재난 등 '4대 안전교육'이 대폭 강화되었다. 또한 4차 산업혁명 시대를 준비하는 2015 개정 교육과정에서는 창의융합형 미래 인재 양성을 위해 소프트웨어 교육 내용이 추가 도입되어 코딩 교육 열풍을 불러오기도 했다.

이렇게 세상이 급속도로 변화함에 따라 아이들도 선생님도 점점 더 배워야 할 것, 가르쳐야 할 것이 늘어만 갔다. 그러니 교사도 학생도 정규 교육과정 시간 내에 이수해야 하는 교과 진도 스케줄에 늘 쫓기는 심정을 느낀다. 하지만 이렇게 바쁘고 정신없이 열성적으로 많은 학습 내용을 가르치고 배웠지만, 정작 학교 밖을 벗어나면 그게 다 무슨 소용인가 싶게 실제 삶과 동떨어진 괴리감을 느끼게 해주는 교육을 우리는 모두 다 경험하며 자랐다.

학교 교육의 교육과정 안으로 선별되어 들어오는 학습 주제는 중요하기 때문에 가르쳐야 하는 것들인 줄로만 당연히 믿어온 교사들은 미래 교육의 변화에 관한 여러 담론을 접하면서 더욱 혼란스러워진다. "도대체 무엇을 가르쳐야 한다는 말인가?"

아이들이 맞이하게 될 미래 사회가 구체적으로 어떤 변화를 맞이하게 될지 백 프로 확신할 수는 없다. 다만 인류가 처한 현재 시점은 4차 산업혁명으로의 초반 도입기에 위치하며, 앞으로의 시대 변화를 이끄는 중심은 디지털 기술의 융복합에 따른 신생 차세대 기술력이 될 것이라고들 말한다. 인공지능 기술은 곧 눈 앞에 펼쳐질 인류 삶의 변화에 지대한 영향력을 미치는 핵심 변인으로 작용할 것이다. 그렇기에 인공지능의 특성을 바르게 이해하여 인공지능을 다루고, 인공지능으로 대체될 수 없는 인간의 고유 능력을 개발시켜 인간의 고유성과 존재 의미를 잃지 말아야 한다.

앞서 우리는 인공지능 AI가 똑똑한 수식 처리 계산기 수준에서 소리와 이미지를 인식하고, 인간의 감정을 흉내 내는 수준까지 진화해 나간 것을 확인해 보았다. 또한 인공지능의 진화 과정에는 인간을 닮은 형상을 생생하게 느끼고 싶은 인류의 상상력이 반영되어 있음도 알게 되었다. 인간의 한계를 극복하고자 똑똑한 기계 AI를 발명해 놓고, 그것이 인간을 위협하지는 않을까 두려워하는 매우 역설적인 상황에 놓인 인류이다.

인공지능은 방대한 정보를 목적에 따라 정확하게 처리하며, 반복되는 따분한 일을 자동화시켜 신속하게 해치우는 능률성을 요구하는 분야에 특화된 기술력이다. 물론 인간과 감정적으로 공감하고 소통하는 휴머노이드 로봇이 개발되고 있으나, 이는 기술적으로 아직 많은 한계점을 드러내고 있다.

인공지능은 인간처럼 따분함을 싫어하거나 새로움을 추구하는 욕망이 없다. 좋고 싫음의 감정을 느끼지 못한다. 명령어가 입력되지 않으면 스스로 어떤 방향성을 설정하지 못한다. 여러 데이터 중 반복되는 패턴을 인식할 수는 있어도, 전체와 부분 사이의 관계성을 읽거나 상황의 분위기나 맥락을 직관적으로 파악하는 능력이 없다.

인공지능은 무엇이 상대적으로 더 중요한지 가치를 판단하는 능력도 없다. 이러한 가치 판단 능력은 특정 대상이 관계 맺고 있는 주변과 서로 어떤 영향을 주고받는지에 관한 윤리적인 부분을 고려하는 사고 능력이다. 또한 지금 당장 눈앞의 자극에 반응하기보다 더 멀리 한 단계 앞을 바라보며, 욕망을 절제할 줄 아는 침착함과 자기 절제, 책임감도 인공지능에게는 기대할 수 없다.

헝가리 출신의 영국 철학자 마이클 폴라니(Michael Polanyi)는 "우리는 우리가 말할 수 있는 것보다 더 많이 안다."며 인간이 가진 지식의 상당 부분은 언어로 표현할 수 없는 암묵적인 것이라 지침서 형태로 기록될 수 없다고 주장했다. 이를 '폴라니의 역설(Polanyi's Paradox)'

이라 한다.

인간이 지닌 암묵적 지식은 인공지능이나 로봇으로 복제되기 힘들다. 이는 '노하우', '직관' 등의 용어와 같은 맥락에서 사용될 수 있는 것이다.

인공지능으로 대체될 수 없는 인간 고유의 능력을 개발하는 것이 학교 교육에서 요구된다면, 우리는 지금까지 우리 학교 교육에서 집중해 온 '노우 왓(Know-what)'의 내용 지식보다 '노하우(Know-how)'라는 방법적 지식을 더 많이 다루어주어야 할 것 같다. 스마트폰을 활용한 검색 기능만으로도 사실 지식 교육 자체의 의미는 무색해졌다고 해도 과언이 아니다. 고정된 개념으로서의 지식이 아니라 지식의 형성 과정, 지식의 열린 체계, 지식 체계의 변화 등을 느끼며 마음으로 공감하고 수용할 수 있는 다양한 교육적 경험을 설계해야 한다. 감정으로 느끼고 자기만의 방식으로 이해, 수용하는 과정을 거치지 않은 단순 지식 암기형 교육은 인공지능 기술 기반의 디지털 초연결 융복합 시대에 적합하지 않다.

인공지능으로 대체될 수 없는 인간 고유의 지적 능력이란 무엇일까? 감정을 읽고, 윤리성을 포함하는 가치 판단을 하며, 시간 차이에 따른 상호 관계의 맥락을 이해하는 것, 새로운 가치를 발견하는 즐거운 변화를 추구하며, 개인을 벗어나 우리라는 공동체의 전체적 조화를 그려낼 줄 아는 상상력은 인공지능이 가지지 못한 인간만의 고유 능력일 것이다. 미래에 어떤 변화가 갑작스럽게 들이닥치더라도 그 복잡성 안의 숨겨진 문제를 스스로 발견하며, 인류 전체를 위해 개개인이 어떠한 관계를 맺고 상호 작용해야 하는지에 관한 직관과 통찰력을 키워주는 새로운 미래 교육이 필요한 시점이다.

03 ──
인공지능 기술과의 협업

"우리는 도구를 만들고, 다시 도구는 우리를 만든다."
– 마샬 맥루한(Marshall Mcluhan)*

도구와 기술의 발전은 또 다른 세계를 만든다. 위 문장은 20세기 후반의 캐나다 미디어 학자였던 마샬 맥루한의 통찰로 인간과 도구의 관계를 잘 나타내고 있다. 그는 도구를 '자동차 바퀴는 발의 확장, TV는 눈의 확장, 의복은 피부의 확장, 전자회로는 중추신경계의 확장'으로 설명했다. 그렇다. 인간이 스스로 창조해 낸 기술 도구들은 결국 스스로의 신체적, 지능적 한계를 극복하며 확장한 결과물이기도 하다.

인간은 늘 발전을 꿈꾸고 도전하며 새로운 도구를 만들었다. 석기 시대부터 시작된 인간의 도구 개발은 과학적 지식의 축적으로 자동화

---

* 테크놀로지가 인간과 사회에 미치는 영향을 보여준 캐나다의 문화비평가. '미디어는 메시지다'라는 독자적인 미디어론을 제시하며 모든 미디어는 인간의 심적, 혹은 신체적 능력의 확장이라고 하였다.

기계를 생산해서 산업혁명을 일으켰으며, 자동화 기계는 컴퓨터로 진화하여 정보혁명을 일으켰다. 정보통신기술의 발달은 현재 지능이 있는 기계, 인공지능 개발로 이어지고 있다.

자신의 한계를 극복하고 확장한 여러 기계 도구를 개발해 온 인류는 어느새 자신들이 스스로 창조한 기계가 자율성을 가지고 인류를 종속시키게 되는 것은 아닐지 불안감을 안게 되었다. 이런 불안감은 과학 실험을 통해 인간이 만든 괴물이 인간을 해친다는 소설《프랑켄슈타인》에서 시작되어 〈매트릭스〉, 〈터미네이터〉 등의 공상과학 영화로까지 이어진다. 영화 〈터미네이터〉 속 인공지능 '스카이넷'은 미래 인류를 위협적으로 공격하며, 영화 〈매트릭스〉의 인공지능 '아키텍트'는 세상을 설계하고 관리하는 인류의 실질적 지배자로 그려진다. 최근에는 그 밖에도 다양한 인공지능이 인간을 지배하는 디스토피아(부정적인 측면을 극단화한 암울한 미래상)를 그린 영화들이 속속들이 개봉하여 인기를 끌고 있다.

미래에 관한 어둡고 그늘진 공상과학 영화들이 유행하고, 영화 〈인터스텔라〉의 한 장면이 떠오르는 미세먼지 자욱한 일상이 계속되던 21세기 초입의 한 무렵, 우리는 코로나19 바이러스로 또 한 번의 충격을 받았다. 그리고 2021년 가을, 코로나19 팬데믹이 시작된 지 바야흐로 1년 6개월이 지났다. 코로나 종식을 간절히 기원하는 사람들의 의사와는 무관하게 많은 방역 전문가들은 '코로나19 완전 종식의 불가능함', '포스트 코로나', '위드 코로나'를 논하고 있다. 백신과 치료제가 개발된다고 해도 2020년과 비슷한 팬데믹 사태의 재발 가능성이 크기 때문이라고 한다.

코로나 사태로 가장 크게 바뀐 삶의 변화 중 첫 번째는 '비대면 원격'의 일상화다. 재택근무 일상화, 원격교육 일상화로 어른과 아이들 모두의 삶이 더 많이 '디지털화'되었다. 코로나 바이러스 덕분에 미래 사회를 특징짓는 디지털 '초연결' 세상으로 좀 더 한걸음 빠르게 다가선 꼴이다. 이러한 현상은 디지털 트랜스포메이션(digital transformation)* 실현을 앞당기고 있다. 일상의 디지털 의존도가 높아지자 사람들은 사이버 세계에서 현실 세계 못지않은 '더 생생한 체험'과 '더 효율적인 삶'을 꿈꾸게 된다. 따라서 4차 산업혁명을 특징짓는 '초실감', '초지능' 세계로 더 빨리 다가가려는 사회적, 기술적 혁신이 가속화되고 있다.

인공지능 기술은 인간이 느끼는 초실감, 초지능 미래 사회 구현을 위한 핵심 동력이다. 내 말을 듣고 사람처럼 대답해 주는 기계, 알아서 내가 무얼 원하는지 검색해서 추천해 주는 기계, 스스로 주변을 살펴 장애물을 피해서 운전하는 기계, 각종 센서로 우리의 생체 파동을 읽

---

* 디지털 기술을 사회 전반에 적용하여 전통적인 사회 구조를 혁신시키는 것. 일반적으로 기업에서 사물인터넷(IoT, Internet of Things), 클라우드 컴퓨팅, 인공지능, 빅데이터 솔루션 등 정보통신기술(ICT)을 플랫폼으로 구축·활용하여 기존의 전통적인 운영 방식과 서비스 등을 혁신하는 것을 의미한다.

어 건강 상태를 체크해 주는 기계는 '초실감', '초지능'이라는 개념어를 구체적인 삶의 맥락에서 이해할 수 있도록 돕는다.

인공지능 디지털 기술의 영향력으로부터 자유로울 수 있는 사람은 없다. 마치 우리 모두가 운명 공동체처럼 동시에 코로나19의 영향력에서 자유로울 수 없었듯이 말이다. 그 기술적 적용 범위는 한계가 없어 보인다. 세계적인 컨설팅 그룹인 맥킨지 보고서에 의하면 미래 직업의 절반 이상이 인공지능의 영향을 받을 것이라고 한다.

이렇게 변화하며 다가오는 시대에 우리는 어떤 방식으로 살아야 할까? 인공지능과 로봇이 내 일자리를 위협하고 삶의 안정을 파괴했다 여기며 인공지능을 미워하고 그에 대한 열등감을 품은 채 살아갈 것인가? 아니면 가장 빨리 앞서 인공지능 기술을 개발하고 그것을 이용해 더 많은 돈을 벌겠다고 다짐할 것인가? 만약 이 둘 다 자신의 길이 아니라고 판단한다면, 인공지능과 협업하는 관계로 나아가게 될 가능성이 크다.

인공지능과 협업하는 관계의 대표적인 사례로 예술 분야를 살펴보자. 인공지능 기술력은 점차로 진보하면서 인간만의 고유 창의성 영역이 관장하는 예술 창작 분야로까지 확장되고 있다.

우리가 익히 알고 있는 다국적 인터넷 기업 구글(Google)은 새로운 디지털 기기 개발과 동시에 예술가와 함께 협업 프로젝트를 진행하기도 한다. 그건 아마도 예술가가 표현의 매체로 활용하는 도구를 새로운 방식으로 탐구하여, 그 결과 표현 방식의 기발한 확장을 이뤄내기 때문일 가능성이 크다. 실례로 구글의 '마젠타(Magenta)'라는 창작 전문 AI 프로젝트는 작곡가 협회에 정식으로 이름이 등록되었고, 고전음악 작곡 방식을 학습하여 다양한 사운드 작곡에 활용되고 있다. 또한 바로크 시대를 대표하는 화가 렘브란트의 화풍을 담아 새로운 예술 창작물을 제작하는 '더 넥스트 렘브란트(The Next Rembrant)' 미술 프로젝트도 대표적인 'AI 아트' 사례이다.

최근에는 인공지능 교육용 소프트웨어를 활용한 다양한 예술 창작 수업들이 가능해졌다. 퀵드로우(Quick Draw)나 오토드로우(Auto Draw) 같은 프로그램은 학생들이 컴퓨터 마우스로 대강 그린 그림을 인식한 후, 그것과 유사성을 지닌 다양한 그림 이미지를 빅데이터 기반으로 검색하여 학생들에게 풍부한 이미지 표현 선택권을 준다. 처음 오토드로우 프로그램을 활용한 이미지 표현을 했을 때 아이들 반응은 놀라움 그 자체였다. "선생님, 이거 똥 손도 금 손 만들어주는 거네요?" 하며 활짝 웃던 우리 반 재현이의 귀여운 표정이 떠오른다.

인공지능의 도움을 받아 그럴듯한 밑그림 스케치 디지털 드로잉을 완성한 아이들은 인공지능 자동 색칠 프로그램인 페탈리카 페인트 (Petalica paint) 사이트에 접속해서 방금 완성한 오토드로우 스케치 이미지 파일을 업로드한다. 그리고 원하는 색깔을 마우스로 클릭해서 칠하고 지우고를 재빠르게 시도하며 다양한 컬러링 작업을 진행한다. 교실에서 하얀 도화지에 색연필, 사인펜을 활용해서 그려내는 그림에 비하면 정말 빠른 시간 안에 자기 스스로도 놀랄 만큼 그럴듯해 보이는 미술 창작이 이루어지는 것이다. 준비물도 필요 없고 수정이 용이하며, 인공지능이 알아서 맞춤형으로 검색해 준 다양한 이미지 소스를 활용할 수 있고, 아주 편리하게 원격학습 학급 게시판에 자기 작품을 올려 게시할 수 있다. 아이들은 신나서 서로의 작품에 멋지다며 칭찬 일색의 댓글을 달아준다.

그렇게 완성된 아이들의 인공지능 프로그램 활용 디지털 드로잉 이미지 창작 활동의 마무리는 '자기 그림에 담긴 스토리 소개하기'다. 아이들이 사실 가장 즐거워하는 시간이다. 꿈보다 해몽이 좋다는 속담이 딱 맞아떨어지는 순간이라 느낄 만큼 아이들은 자기 그림에 담긴 이미지 상징을 이야기로 풀어내어 재미있게 곧잘 소개한다.

그럴 때면 나는 아이들에게 "인공지능이 못하는 게 바로 이런 거야!"라며 신이 나서 아이들을 칭찬한다. "자기의 경험에서 비롯된 상상력을 바탕으로 친구들에게 재미와 감동을 담아 스토리를 전달하는 능력은 인공지능이 결코 흉내 낼 수 없는 우리 인간만의 능력이지."라고 말해 주며 엄지손가락을 치켜세워 올려주면 아이들 얼굴에도 슬며시 웃음꽃이 피어오른다.

알파세대 초등학생 아이들은 벌써 이렇게 일상 속에서 자연스럽게 인공지능 기반 소프트웨어 프로그램을 활용한 다양한 표현 활동을 경험하고 있다. 이 아이들에게는 이제 오랜 시간을 들여서 해야 하는 반복 작업(도화지의 넓은 면적 색칠처럼 자동화가 가능한 것)이나 빅데이터에 저장되어 검색하면 바로 활용할 수 있는 지식을 암기하는 게 불필요하고 쓸데없는 노력으로 느껴질 뿐이다. 이제 이 아이들은 디지털 세상을 자유롭게 누비며 인공지능과 협업하여 다양한 데이터를 수집, 가공, 해석하며, 다른 사람들에게 자신만의 방식으로 대상의 새로운 가치를 설명할 수 있는 감성적 소통 능력을 갖추어야 한다.

19세기 초, 영국 도심 곳곳에 자동화 생산 기계 공장이 들어서기 시작하자 노동자들은 일자리를 잃게 될 것에 분노하여 급진적 '기계 파괴 운동(Luddite Movement)'을 일으켰다. 근대화 교통수단으로 처음 발명된 증기기관이 나왔을 때도 많은 이들이 공포심을 숨기지 못했다. 1829년 사람을 실어나르는 최초의 증기 기관차 로켓(Rocket)호는 그 이름이 무색할 만큼 시속 46km 정도의 속도로 달릴 뿐이었다. 그러나 자동차도 존재하지 않았던 그 시기, 증기기관 특유의 스팀을 뿜어내는 굉음과 자욱한 안개를 뚫고 달리는 로켓호의 외관은 많은 이들에게 공포심을 불러일으키기 충분했다.

이렇게 우리 인류는 역사 속에서 새로운 기술적 변화의 전환점을 맞이할 때마다 사람들의 갑작스러운 심리적 저항을 겪어왔다. 기술적 진보의 편리함이 주는 강점에만 취해 언제나 모든 이들이 변화를 환영하기만 했던 것만은 결코 아니다.

21세기, 2016년부터 시작된 최고의 천재 바둑 기사 이세돌과 인공지능 알파고의 딥마인드 챌린지(Google Deepmind Challenge) 역시 우리 인류 삶의 양식과 사회적 가치 생산에 영향을 미치는 새로운 과학 기술로서의 인공지능에 대한 놀라움과 불안, 저항감을 확인하게 된 순간이었다. 제4차 산업혁명 시즌의 대표 기술력으로 손꼽히는 인공지능, 빅데이터, 사물인터넷 등이 사람들의 많은 일자리를 빼앗게 될 것이라며 이에 적대적으로 대응하는 '네오 러다이트(Neo Luddite)' 운동 물결이 일어나기도 한다. 이처럼 변화에 대한 일시적 저항은 어쩌면 새로운 파도가 몰고 오는 자연적인 세찬 바람과도 같다.

그러나 최근에는 코로나19로 인한 사람들의 업무 방식 변화와 함께 'AI 활용', 'AI 기반'의 '인간-AI 협업(인공지능 AI 콜라보레이션)'이 포스트 코로나 시대에 재조명될 기술로 손꼽히고 있다.[*] 언제나 '지금보다 더 나은 삶의 편의성'을 추구하는 인간 본연의 성품은 새로운 과학기술적 진보의 변화를 불러일으켰으며, 일부는 그 변화에 일시적으로 강력하게 저항하기도 하지만 결국에는 그 변화의 강력한 바람을 맞이하고야 마는 것이다. 4차 산업혁명이 시작되고 있는 인류 문명사의 이

---

[*] 한국경제, "인간과 AI 넘어…AI와 AI 협업에 주목", https://www.hankyung.com/it/article/2021020959911

시점 또한 위와 같은 비슷한 맥락의 현상을 겪고 있는 것 같다. 인공지능 기술과의 공존과 협업은 새로운 21세기 우리 인류 문명사의 숙명이 되어버렸다.

04 ——
뇌과학과 인지과학으로 본
인간의 본성

"우리 세대의 가장 위대한 발견은 인간이 마음의 태도를 바꿈으로써 자기 인생을 바꿀 수 있다는 사실을 알아낸 것이다."

– 윌리엄 제임스(Willian James)

　2021년 어느 초등학교 5학년 교실, 아이들과 선생님은《담임 선생님은 AI》도서 온책읽기 독후 활동으로 인공지능 선생님과 인간 선생님 비교하기 활동을 하고 있다. 책에는 교육부에서 인간 선생님에 대한 담임 교체 민원이 들어왔던 학교에 시범적으로 인공지능 담임 교사를 배치한 후, 인공지능 선생님 특별반 희망을 받아 학급을 꾸려 벌어지는 이야기가 담겨 있다.

　아이들은 다양한 자기 의견을 발표한다.

　"인공지능 선생님은 모르는 게 없지만 어린이들 감정을 공감해 주거나 위로해 주지는 않아요."

　"사람 선생님은 어린이들이 못되게 굴면 화도 내고 달래기도 하는

데 인공지능 선생님은 공정함을 중요하게 여겨 벌칙만 줘요."

"인공지능 선생님은 질문에 답을 주면서 질문은 사람이 하는 거라고 해요."

"인공지능 선생님은 문제를 해결하는 제일 효율적인 방법 하나만 생각하고, 다른 주변 상황은 고려하지 않아요."

"사람 선생님은 옷도 머리 스타일도 종종 바뀌면서 개성이 나타나는데, 인공지능 선생님은 그런 것에 관심이 없어요."

생각보다 예리한 여러 가지 답변을 늘어놓아 나를 놀라게 만드는 아이들이다.

아이들이 살아갈 미래 사회는 인공지능 기술이 우리 생활에 더 깊숙이 들어와 영향을 미칠 것이다. 지금껏 경험해 보지 못한 삶을 준비시켜야 하는 교육계의 역할 고민이 더 커져가는 이유이다. 나 역시 그런 아이들을 보며 이 아이들에게 내가 가르쳐주어야 하는 것이 무엇일까 많은 고민을 하게 된다. 아이들이 성인이 된 후 학창 시절을 떠올리고 내 모습을 떠올리며 내가 주었던 가르침에 대해서 어떤 감정을 떠올리게 될지도 상상해 본다.

코로나19 팬데믹 이후 사람 간의 대면 접촉이 최소한으로 제한되며, 우리 일상은 더 디지털화되고 스마트해질 것을 강요받고 있다. 미래 사회로 한층 더 가까이 진입하게 된 것만 같다. 요즘 내가 아이들에게 가장 자주 하는 질문 중 하나는 바로 "얘들아, 인공지능이 못 하지만 내가 잘하는 일을 발견해야겠지?" "어떤 일이 인공지능으로 대체되지 않는 일이 될까?"이다. 내가 살아보지 못한 삶을 대비시켜야 하는 나는 아이들과 함께 배우고 질문하고 고민한다. 너희는 나와는 분명 너무 다른 일상의 삶을 살게 될 거라고 힘주어 말하게 된다.

인공지능과 로봇 기술의 발달로 펼쳐질 미래에 대한 세기의 관심은 나날이 커지고 있다. 세계적인 미래학자 레이 커즈와일(Ray Kurzweil)[*]은 2030년이면 가상과 현실 사이의 경계가 사라지게 될 것이며, 2045년 무렵이면 인공지능이 인간의 지능을 넘어서는 시점(Singularity, 특이점)을 맞이하게 될 것이라 말한다. '인공지능'이 '인간지능'보다 똑똑해지는 시점이 머지않아 다가올 것이라는 미래학자들의 전망은 우리에게 엄청난 충격과 공포로 다가온다.

인간은 지구상에 존재하는 다른 생명체와는 달리 논리적인 판단과 합리적 사고를 할 줄 아는 이성적 존재이기에 우월하다는 근대 이래 인본주의 철학 사상은 여전히 이 시대를 살아가고 있는 사람들의 뇌리에 깊이 박혀 있다. 생물학적 욕망과 본능을 이성으로 통제하며, 고차원적 사고를 할 줄 알고, 이성은 이 세계의 진실에 도달하게 하는 유일한 방법이라는 합리주의 철학은 근대 시대 이래 '인간다운 인간'의

---

[*] 컴퓨터 과학자이자 발명가, 미래학자. 미국 발명가 명예의 전당에 등재되어 있으며, 〈포브스〉는 그를 '최고의 생각하는 기계'로 칭했다.

개념을 '합리적, 이성적 사고로 진리를 논하는 자'로 인식하게 만들었다. 근대 철학의 아버지 데카르트(Rene Descartes)가 남긴 '나는 생각한다. 고로 존재한다.'라는 명제는 인간 존재의 고귀성을 그렇게 드러내고 있다.

그런 인류 존재의 위대함을 위협하는 새로운 존재가 다름 아닌 인공지능이다. 인간은 이제 딥러닝(Deep Learning) 인공신경망을 기반으로 스스로 학습하는 기계(Machine Learning)와의 논리 게임에서 우위를 점할 수 없게 되었다. 육체노동이 아닌 두뇌 노동을 하는 현대 도시 근로자를 칭하는 화이트칼라(White-Collar)가 인공지능의 등장으로 붕괴되어가고 있다. 인공지능의 출현은 인간을 인간답게 하는 것이 더 이상 논리적 이성적 사고로만 제한될 수 없음을 깨닫게 한다.

"무엇이 가장 인간다운 것이란 말인가?"

"인공지능으로 대체될 수 없는 인간만의 고유한 영역은 무엇일까?"

이 두 질문은 우리가 걷고 있는 이 시대의 핵심 화두가 되었다.

인간의 본성을 바라보는 시각은 고정된 것이 아니다. 시대별로 그리고 학문을 탐구하는 학자별로 모두 그것을 다양한 맥락에서 해석하여 설명한다. 본 장의 목적은 인공지능의 출현으로 인간 존재의 근원에 관한 질문을 새롭게 던져야 하는 이 시대의 화두에 여러 사람들이 공감할 법한 다양한 대안의 해답을 드러내 보이는 것이다. "이것이 바로 새 시대의 인간 본성이다."라고 주장하려는 것이 결코 아니다.

비교적 최근래 뇌과학과 인지과학 분야에서 이야기하는 인간 마음의 본성에 관한 학술적 탐구 결과들을 논하다 보면, 새로운 관점으로 인간 존재의 가능성을 발견하게 될지 모른다는 지극히 개인적인 호기심으로 논의를 이끌어보고자 한다. 인간다움에 관한 탐구는 자연스럽게 '어떻게 살아갈 것인가?'에 관한 실마리로 귀결될 것이다. 이 과정을 통하여 독자 여러분도 미래 삶에 대한 막막함이 조금이나마 풀려 나가기를 바라본다.

뇌과학이란 뇌의 복합적인 기능과 구조에 대한 해석을 통해 인간이 가진 가능성의 한계에 대해 답을 구하는 분야이다. 우리는 뇌과학의 역사를 살펴볼 때 인간 중심 합리주의 철학의 아버지 데카르트를 다시 한번 상기시켜볼 필요가 있다. 그는 철학자이자 수학자, 생리학자이기도 했으며, 1664년 저서 《Treaties on Man》을 통해 인간 행동에 '뇌'가 매우 중요한 역할을 한다는 논제를 입증코자 했다.

그는 우리가 비물질 상태의 마음이라고 부르는 어떤 실체가 신체라고 부르는 어떤 기계를 움직이게 하는데, 그 과정에서 비물질인 마음이 물질인 뇌와 상호 작용한다고 보았다. 비물질인 마음이 뇌를 통해 정보를 받고 신체를 움직이게 하는 것이다. 그는 뇌 안에 마음의 자리가 있다고 하면서 마음과 신체를 연결시켰다.

많은 이들은 신체의 모든 부분이 모두 다 각자의 기능과 역할을 하기에 중요하다 여기면서도, 무의식 중에는 가장 중요한 부분이 '뇌'라고 인지하고 있다. 지진과 같이 갑작스러운 천재지변이 일어나 생명의 위협을 느끼는 순간에는 손으로 머리 부위를 감싸야 한다는 안전 교육을 어릴 적부터 받아왔기 때문이다. 신체의 모든 감각 정보는 뇌로 전달되며, 그 모든 전달된 신호를 종합하여 '판단', '기억', '상상'하는 사고 과정이 뇌에서 일어나는 것이라고 배워왔기 때문이다.

인간보다 더 똑똑해진 존재로 종종 우리를 두렵게 하는 인공지능 역시 인간의 '뇌 정보처리 과정'을 정보처리이론*으로 정교화 및 수학적으로 모델링하여 만들어졌다. 뇌의 정보처리이론은 복잡한 인간 존재의 합리적 사유 과정을 비교적 단순하게 이해할 수 있게 만들어주었다. 그러나 정보처리이론 하나만으로 인간 뇌의 메커니즘을 설명하기에는 충분치 않다는 것을 우리 모두는 직감할 수 있다.

현대 뇌과학의 최신 연구 결과를 비교적 쉽게 대중에게 이야기해주고 있는 책《이토록 뜻밖의 뇌과학》(2021, 더퀘스트)의 저자 리사 펠드먼 배럿(Lisa Feldman Barrett)은 심리학 및 신경과학 분야의 혁신적인 연구로 세계에서 가장 많이 인용된 과학자 중 상위 1퍼센트에 속

---

* 정보와 관련된 인간의 내적 처리 과정을 컴퓨터의 처리 과정에 비유하여 설명한 것으로, 정보 저장소와 인지 처리 과정의 두 가지 요소로 구성된다. 정보 저장소는 정보가 머무르는 곳, 인지 처리 과정은 각각의 정보 저장소로부터 정보가 이동하는 것과 관계되는 처리 과정을 의미한다.

하는 인물이다. 그녀는 뇌의 핵심 임무가 이성이 아니라고 말한다. 그렇다고 감성, 상상, 공감, 창의성 등도 아니다. 뇌의 가장 핵심 임무는 다름 아닌 '생존'을 위하여, 에너지가 언제 얼마나 필요한지 예측하며 가치 있는 움직임을 효율적으로 해내도록 신체를 제어하는 것이라고 한다.

뇌과학에 조금이라도 관심이 있는 사람이라면 인간의 뇌가 다른 생명체의 뇌와 다른 이유로 '삼위일체'의 뇌 구조 모델 이야기를 접해 보았을 것이다. 이는 '생존을 위한 파충류의 뇌 : R복합체 ', '감정을 다스리는 포유류의 뇌 : 변연계', '이성적인 인간의 뇌 : 신피질' 등 인간의 뇌가 다른 생명체와는 다르게 더 진화된 세 겹으로 이루어져 있다고 설명하는 이론 모델이다.

그러나 리사 펠드먼은 이 삼위일체 뇌 구조 모델은 가장 널리 퍼져 있는 뇌과학에 관한 오류이자 오래된 허구라고 말한다. 인간 뇌의 일부분인 대뇌 피질은 신체 크기에 비례하여 커지며 재조직되었을 뿐 포유류와 별반 다르지 않고 인간의 합리적 사고 역시 때때로 비합리적으로 이뤄진다고 한다. 예를 들어 우리는 기존의 주관적 경험에 따라 상황을 필요 이상으로 위험하다고 오판하여 불안을 느끼고 불필요한 감정 에너지를 소비하기도 하지 않는가? 그러므로 우리는 스스로의 뇌와 감정을 너무 믿을 필요가 없다고 한다.

인간은 불완전한 존재로 이 세상에 태어난다. 어떤 동물은 세상에 태어나자마자 몇 시간 안에 스스로 걷거나 뛰어다니기도 하지만 인간은 그렇지 못하다. 인간의 뇌는 약 25년에 걸쳐 주요 배선이 마무리되고 나서야 온전한 구조와 기능을 가진 성인의 뇌가 된다고 한다. 아기의 뇌 배선을 발달시키기 위해서는 양육자의 태도와 역할이 매우 중요한데, 아이 곁에서 아이의 모든 욕구를 채워주기보다는 아이에게 스스로 학습할 기회를 주며, 자기 신체 예산을 더 잘 써나갈 수 있도록 사회적 자극을 주어야 한다고 말한다. 양육자는 아이와 눈을 마주치고 말을 건네주며, 만져주는 등 지속적으로 감정을 나누는 사회적 상호작용을 해주어야 한다.

현대 인지과학 분야에서 주목받고 널리 논의되는 체화된 인지(Embodied Cognition) 이론도 인간의 인지 과정이 오직 뇌의 기능에 집중적으로 국한된 것이 아니라, 몸(신체)을 통해 느끼고 경험한 감각이 인지의 일부분이 되는 것을 말한다. 다시 말해 인간이 인지를 할 때에는 뇌뿐만이 아니라 온몸이 사용되는 것이다. 체화된 인지 이론의 대표 심리철학자 로렌스 샤피로(Lawrence Shapiro)는 우리의 심리적 과정들이 신체를 통하지 않고서는 불완전하며, 지각을 한다는 것은 몸의 구조를 포함할 뿐 아니라 이에 의존한다고 한다. 인간의 정신과 사고는 감각적인 신체 행위에 바탕을 두고 있다는 것이다.

이렇게 최근에는 인간 마음에 관한 연구를 두뇌로 한정 짓지 않는다. 대신 몸, 환경과 통합적인 관점에서 마음이 뇌 안의 신경 활동으로만 존재하지 않으며, 뇌와 몸, 환경이 서로 통합적 단위체로 작동한다고 말한다.

인지심리학자 김경일 박사는 TV 프로그램에 출연하여 다음과 같은 예를 들어 체화된 인지 현상을 설명했다. 10명의 면접관이 엘리베이터를 타고 면접실로 이동을 하고 있다. 면접관 중 5명에게는 따뜻한 커피를 손에 쥐어주고, 나머지 5명에게는 차가운 커피를 주었다. 실험 결과, 따뜻한 커피를 손에 쥐고 간 면접관들이 지원자들에게 더 따뜻한 평가를 하는 경향을 보였다고 한다. 이렇게 신체적 온도와 다른 사람을 평가하는 정신적 온도가 연결되어 오감과 정신의 상호 작용이 적극적으로 일어나는 현상을 '체화된 인지' 현상으로 설명할 수 있다. 인간의 신체 감각 오감은 심리와 매우 적극적으로 상호 작용을 하는데, 우리는 이것을 육감이라고 부르기도 한다.

지금까지 살펴본 현대 뇌과학, 인지과학 연구 내용은 공통적으로 '인간 뇌의 불완전성', '뇌와 신체, 외부 환경과의 상호 작용' 등이 강조되고 있다. 근대의 합리주의 이성 중심 휴머니즘을 기반으로 인간이 다른 생명체보다 얼마나 위대한 존재인가를 설명하던 학계의 풍조가 이렇게 변화하고 있다는 걸 알 수 있다. 이는 자신의 이성적 판단과 합리적 사유를 맹신하며, 그것이 곧 고정불변의 진리가 될 수 있다고 믿는 인간의 아집이 얼마나 어리석고 위험한 것인지 성찰해 보게 한다.

서로가 불완전하고 부족한 존재여서, 서로에게 관용과 사랑을 베풀어야 하는 존재. 언젠가는 다가올 자기의 죽음을 인식하고 있기에 생존에 대한 불안을 끌어안고 삶의 매 순간을 소중히 여기며 생존하고자 욕망하는 존재. 그것이 바로 인간 존재의 특수한 본성이 아닐까 생각해 본다.

05 ──
인간만의 고유 능력, 메타인지

"모른다는 것을 아는 것이 가장 좋다. 모른다는 것을 모르는 것은 병이다."
– 노자(老子)

우리는 어린 시절부터 지금껏 성장하면서 '공부 잘하는 아이'가 되기를 한번쯤 꿈꿔보았을 것이다. 학창 시절을 떠올려볼 때 남들에게 '공부 잘하는 아이'로 인정을 받았건 아니건 그건 중요하지 않다. 나보다 공부 잘하는 아이가 부럽지 않았던 사람은 없을 것이다. 아는 게 많다는 건 공부를 잘한다는 것이고, 공부를 잘한다는 건 학생으로서의 존재감을 뽐낼 수 있는 최고의 방법이었다.

철없던 어린 시절, 친구와 이런 대화를 누구나 나눠봤을 것이다.

"야! 너, 이것도 몰라?"

"어, 모른다. 왜?"

"너는 그럼 그거 말고 이런 거 알아?"

"모른다. 왜!!!"

어린 시절 이 철부지들의 대화 속에는 인공지능이 흉내 낼 수 없는 인간의 위대한 능력이 숨겨져 있다. 바로 '메타인지(Metacognition)' 능력이다.

사실 어떤 존재나 대상에 대하여 우리가 '안다'라고 말할 수 있는 판단 근거는 '익숙함'과 '낯섦' 두 가지에 있다. 어딘가에서 들어본 적이 있는 익숙한 내용의 이야기라고 여겨지면 우리는 스스로 그것에 대하여 '안다'라고 판단하기 쉽다. 얼마나 깊이 있게 그 내용을 이해하고 있는지는 판단의 고려 대상이 아니다. 한 번도 들어본 적 없는 낯선 내용에 관해서만 우리는 '모른다'라고 대답할 것이다.

인공지능 기계에는 인식, 처리할 수 있는 데이터만 존재할 뿐 '낯섦'과 '익숙함'을 직관할 수 있는 능력이 없다. 무언가에 대하여 모른다는 것을 판단하기 위해서는 모든 데이터 범주를 빠짐없이 검색하느라 매우 오랜 시간을 허비해야만 한다. 컴퓨터 어딘가에 저장되어 있을 파일을 찾느라 검색어 키워드를 입력하고 오랜 시간을 버티며 기다려본 적이나, 보안 프로그램으로 삭제해야만 하는 특정 파일을 찾아내기까지 모니터 앞에서 인고의 시간을 버텨본 상황을 떠올려보자. 우리 인간과는 다르게 컴퓨터는 모르는 걸 모른다고 직관할 줄 모른다.

인공지능 기계는 제아무리 똑똑하다 한들 디지털로 변환되어 입력, 저장된 빅데이터 범주 바깥의 세계를 스스로 상상하지 못한다. 상상할 이유도 목적도 없다. 그저 자신에게 주어진 디지털 입력 신호에 반응할 뿐이다.

'생각에 대한 생각'이라고도 하는 '메타인지'란 단순히 '안다'와 '모른다'의 문제를 넘어서, 지각, 기억, 학습, 개념 형성, 사고, 판단, 추론, 계획, 문제 해결 등의 인지 과정에 대한 인식과 모니터링, 통제 능력 모두를 포함하는 개념이기도 하다. 곧 다가올 평가 기간을 준비하며 일정 달력이 그려진 수첩을 사서 주간계획표를 작성해서 실천하는 행위, 회장 선거에 출마하기 위해 친구들 앞에 서서 어떤 공약을 내세워야 설득력 있는 발표를 할 수 있을지에 대한 구상하기 등 일상 속에서 알게 모르게 우리는 메타인지 능력을 활용해 살아왔으며 살아가고 있다.

우리는 종종 자기 스스로 문득 떠올린 생각이 우스꽝스러워 혼자 남몰래 미소를 짓기도 하고, 계획했던 발표 내용이 어딘지 모르게 부족해 보여 더 다양한 자료를 찾으려고 도서관에 찾아가기도 한다. '메타인지'란 이렇게 스스로에 대해 알기 위해 지금 자신이 하는 생각을 거울처럼 바라보는 것이다. 메타인지 덕분에 인간은 스스로의 생각과 행동을 전체적으로 조망하며 '성찰'하고, 스스로 더 나은 방향으로 나아가고자 하는 '의지'를 다지기도 한다. 이러한 의식적인 인식은 통찰(insight)과도 관련된다. 통찰은 자기의 정신 상태를 인식하고 이해하며, 자신의 행동이 주변에 미칠 영향을 아는 것, 스스로를 객관적으로 평가할 수 있는 능력을 지니는 것이다.

메타인지는 인공지능이 넘볼 수 없는 인간만의 고유한 능력이다. 미국의 발달심리학자 존 플라벨(J. H. Flavell)은 1976년 최초로 '메타인지' 용어를 사용하며 인간의 인지 능력 중 메타인지 발달이 가장 중요하다고 강조했다. 메타인지가 있어야 문제 해결을 위해 무엇을 알아야하고, 무엇을 선택해야 하며, 어떤 계획을 세우고 무엇을 관찰하며 통제해야 할지 결정할 수 있기 때문이다.

인공지능은 스스로 무엇이 '문제'가 되고 있는지 발견할 줄 모르고, 문제를 해결하기 위해 다양한 전략을 설계할 줄도 모른다. 그저 문제라고 설정된 내용에 관한 가장 효율적인 최선의 정답 하나만을 내놓을 뿐이다.

리사 손(Lisa Son) 콜롬비아대학교 심리학과 교수는 2019년 세계기상기구(WMO) 조직위원회 주관 '4차 산업혁명, 앞서는 전략' 브런치 세미나에서 "질문에 대한 정해진 하나의 답을 찾고 성과를 내는 것은 AI 로봇이 더 잘하게 되었다."며 인간은 끊임없이 배우고 학습하며 한 개가 아닌 여러 개의 답을 찾는 능력을 키워야 한다고 말했다.* 그녀는 계속 반복해서 보는 학습이 아닌 스스로 해당 부분에 대해 설명하는 셀프 테스트를 하는 것, 실수하며 오랜 시간 어렵게 학습하는 것이

---

* 사이언스타임즈, "인간만의 '메타인지'를 살려라", https://www.sciencetimes.co.kr/news/인간만의-메타인지를-살려라/

바로 메타인지를 키우는 방법이라고 한다. 그녀의 저서 《메타인지 학습법》(2019, 21세기북스)에는 메타인지를 방해하는 착각을 이렇게 들고 있다.

첫째, 빠른 길이 좋다고 생각한다.

둘째, 쉬운 길이 좋다고 생각한다.

셋째, 실패 없는 길이 좋다고 생각한다.

그동안 우리는 입시 위주의 경쟁적 주입식 교육을 아이들에게 관습처럼 당연하게 퍼부으면서 빠른 길, 쉬운 길, 실패 없는 길을 효율적으로 걸어가라며 강요해 왔던 건 아닌지 반성해 보게 된다. 스스로 오랜 시간 고민하고 자기 방식의 다양한 해답을 구성해 볼 수 있는 시간적 여유를 허용하지 않고 더 빨리 더 많은 지식을 외우고 기억하게 만드는 지난날의 교육 방식은 인간을 인간답게 만들지 못하고 혹여나 인간의 정신을 기계화시킨 건 아니었을지 묻고 싶다.

아이들은 세상에 관한 호기심을 가지고 배움을 '자기화'시켜나가며 메타인지를 개발해 나가야 한다. 인공지능은 자신만의 취향과 개성이 없다. 실수하며 부족했던 부분을 극복해 나가는 성취감도 느낄 수 없다. 자신이 어느 방향으로 나아가야 할지 삶의 방향성을 스스로 설정하지 못한다. 하지만 우리 인간은 그와 달리 자기 자신을 거울처럼 비춰 보며, 부족함을 채워나가고자 스스로 마음의 지향성을 정립할 수 있다.

인공지능 기술의 확산으로 우리 인간은 어쩌면 더욱 인간다운 배움의 길로 나아가고 있는지 모른다. 메타인지의 거울은 세상 밖이 아닌 나 자신을 향하고 있다. 인간의 두 눈이 내가 아닌 세상을 바라보고 있음을 떠올려볼 때, 메타인지의 기능은 외부 세계로 향하는 인간의 마음을 돌려 자신의 마음까지 헤아려볼 수 있게 만드는 균형 감각의 틀(frame)이다. 메타인지는 우리가 스스로의 부족함도 수용하고 이해하며, 자신을 아끼고 사랑하게 만드는 배움의 전 과정이다.

06 ——
디스토피아가 아닌 유토피아로

"당신이 지금 상상하고 있는 것이 앞으로 당신 삶에서 펼쳐질 일들에 대한 예고편이다."
– 알버트 아이슈타인(Albert Einstein)

2020년 3월, 우리 시대 최고의 영향력 있는 석학으로 알려진 유발 하라리는 영국 〈파이낸셜 타임즈〉에 기고문을 통해 코로나19 사태에 관한 두 가지 견해를 게재하였다. 첫째, '전체주의적 감시'와 '빅브라더*의 출현'을 경고하였으며, 둘째, '국수주의적 고립' 속에서도 '글로벌 연대'를 추구해야 한다는 것이다.

코로나19 이후 우리가 맞이한 일상의 특이한 변화는 평범한 국민 개개인 모두가 자신의 건강 상태와 일상의 동선 모두를 전자 데이터로 송신하는 것이 일상화되었다는 점이다. 개인정보 프라이버시 보

---

* 조지 오웰(George Orwell)의 소설《1984》에 나오는 독재자 '빅브라더'를 따서 만든 용어이다.

호의 가치보다는 국민 모두의 건강권이 더 우선시되는 특수한 팬데 믹 상황이라는 점 때문에 어쩔 수 없이 긴박하게 수용해야만 했던 일상의 변화지만, 감염병과 관련한 신속한 전수조사를 위해 필요한 경우 국민 개개인의 기지국 접속 기록, 카드 결제 기록 및 CCTV 등을 통해 역학조사가 일어나는 현 체제에 관해 관련 기술이 국민 통제와 감시에 악용될 수 있다는 우려의 목소리도 커지고 있다. 유발 하라리가 2020년 경고한 '전체주의적 감시'와 '빅브라더의 출현'을 모든 국민이 공감하며 불안감을 가지게 된 것이다.

영국의 작가 조지 오웰(George Orwell)은 1949년의 저서 《1984》에서 미래 정보통신기술의 발전으로 이를 활용한 독재 권력자인 가공 인물이자 상징적 존재인 '빅브라더(big brother)'를 탄생시켰다. 소설은 빅브라더의 일반 대중에 대한 정보 독점과 감시, 통제를 예견하며 정보통신 과학 기술이 악용된 디스토피아적 사회 풍자의 시각을 담고 있다. 지금으로부터 약 70년 앞선 시점에, 이미 이 사회에 미칠 수 있는 위험 요소를 정확하게 예측했다는 이유로 최근 들어 이 소설은 다시금 많은 독자들의 주목을 받고 있다.

이보다 조금 앞선 1932년 세상에 출간된 올더스 헉슬리(Aldous Huxley)의 소설 《멋진 신세계(Brave New World)》는 문명이 고도로 발달해 과학 기술이 모든 인간 사회와 시스템을 통제하는 미래 세계를 풍자적으로 그리는 디스토피아 소설이다. 소설 속 미래 사회 사람들은 생명유전공학과 신경과학의 발달로 알파, 베타, 감마, 델타, 엡실론까지 다섯 계급으로 나뉘어서 '맞춤형'으로 대량 생산된다. 임신과 출산, 양육과 가족 구성의 삶은 이들에게 역겨운 야만적인 삶일 뿐이다. 이들은 수면 학습과 전기 충격을 통한 세뇌로 각자 자신의 신분에 매우 만족한 채 살아간다. 그들은 소마(SOMA)라는 약을 먹으며 환각과 쾌락을 느끼고, 질병과 노화, 죽음도 초월한 유토피아적 세계에서 살아간다.

20세기 초반의 철학, 사상가들의 영향을 받아 미래를 예견, 상상하여 집필된 위의 두 소설책은 인공지능, 사물인터넷, 로봇공학, 빅데이터와 클라우딩, 3D 프린팅, 블록체인, 나노 바이오 기술 등 최첨단 과학 기술이 서로 연결, 융합되는 4차 산업혁명의 미래 시대를 맞이할 이 시대 사람들에게 매우 의미 있는 메시지를 전달하고 있다. 두 소설은 공통적으로 기술 발전이 사회 변동의 일차적 요소로서 정치, 경제, 사회, 문화의 모든 변화를 주도한다는 기술 결정론적 입장에서 인류가 스스로 변화의 바람에 대한 비판적 성찰과 이에 적극적으로 참여하지 않을 경우 과학 기술의 통제와 감시 아래 인간으로서의 자유로운 삶을 박탈당할 수도 있다는 강력한 메시지를 담고 있다.

미래 디지털 초연결 사회에서 인간은 기계와 연결되어 상호 작용하는 기회와 강도가 더 깊어질 것이다. 최근 바이오, 기계, 커뮤니케이션 분야의 전문가들 사이에서는 기술을 이용한 진화로 반영구적인 불멸을 이룰 것이라 상상되는 '포스트휴먼(post-human)' 담론이 활발히 논의되고 있다. 로버트 페페렐(Pepperell Robert)의 저서 《포스트 휴먼의 조건》(2017, 아카넷)에 따르면 인간은 본인 스스로의 신체적, 정신적 한계를 극복하기 위해 디지털 디바이스에 연결되어 스스로 새롭게 변형된 존재로 나아가게 될 것이며, 의식을 지니는 새로운 인공 생명체들과 관계를 맺고 살아가게 될 것이라고 한다.

과학 기술의 급진적 발달 속도는 인류가 위협감을 느낄 만큼 빨라지고 있으며, 실제 많은 현대 지식인들이 미래 사회에 관한 어두운 예언을 내놓기도 했다. 2018년 76세의 나이로 별세한 영국의 천재 물리학자 스티븐 호킹(Stephen William Hawking) 박사는 인공지능 AI가 인류 삶에 크게 기여할 기술이라는 점에는 이견이 없으나, 그것이 인간의 능력을 넘어서는 순간 인류의 종말을 불러올 정도로 위험성이 크다고 경고했다. 그는 "다만 인류가 AI의 위협에 대처하는 방법을 알아내지 못한다면 인류 문명 최후의 사건이 기록될 수도 있다."고 말했다. 그러나 동시에 "AI가 선(善)을 위해 일하고 인류와 조화를 이룰 수 있다는 낙관론을 믿고 있다."며 다만 그 위험성도 반드시 인지해야 한다고 거듭 강조했다.

이 시대 우리는 이렇게 인간을 뛰어넘어 존재하는 신인류 '포스트 휴먼'에 관한 논의를 진지하게 펼치며, 인공지능 기술 기반의 인공 생명체와 함께 연결되어 변형된 삶을 살아갈 미래 시대를 그려나가고 있다. 당신은 20년 후, 어떤 미래를 상상해 볼 수 있는가? 인공지능에게 많은 사람이 일자리를 빼앗기고 국가의 기본소득에 의지하며 일상 대부분의 시간을 자극적인 디지털 콘텐츠 소비에 쏟아버리는 대중으로 가득한 디스토피아적 미래 모습을 떠올리는가? 아니면 자동화시킬 수 있거나 위험한 일들이 인공지능으로 대체되고 인간은 창조적 유희 활동을 즐기며 감동과 재미가 넘쳐나는 새로운 세상을 함께 만들어나가는 유토피아적 미래를 꿈꾸는가?

기술의 사회적 결과는 기술 자체만으로 결정되는 것이 아니다. 해당 기술에 연결된 수많은 인간, 비인간의 상호 작용 행위에 따라 그 결과는 다양하게 변화될 수 있다.

현생 인류의 기원 호모 사피엔스가 더 큰 두뇌와 신체적 능력을 지닌 네안데르탈인을 제치고 지구를 지배한 이유에 대해 뤼트허르 브레흐만(Rutger Bregman)*은 우리가 타인과 협력하고 공감하도록 진화해 온 유일한 종으로서, 모방을 통해 사회적 학습을 하는 '호모 퍼피(Homo Puppy)'였기 때문이라고 설명했다. 이제 우리는 디지털 초연결 사회의 기술적 진보를 긍정적 발판으로 삼아 '글로벌 연대'의 아름다운 힘을 끌어모아야 한다. 지구상의 많은 이들이 대립과 갈등을 극복하고 평화로운 연대를 꿈꾸며, 빅브라더와 같은 독재자의 존재가 어둠

---

* 《휴먼카인드》(2021, 인플루엔셜)의 저자로 유럽에서 가장 영향력 있는 사상가로 평가받는 학자이다.

속에 가려지지 않고 세상에 드러날 수 있도록 힘을 모은다면 미래는 분명 살아보고 싶은 밝고 희망찬 모습으로 펼쳐질 것이다.

07 ——
다양한 비전을 키우는 미래력

"미래를 예측하는 최선의 방법은 미래를 창조하는 것이다."
– 엘런 케이(Alan Kay)*

학부모들과 상담을 진행할 때면 꼭 듣게 되는 이야기들이 있다.

"선생님! 이제 우리 어릴 때와는 세상이 달라졌다는 건 알겠어요."

"공부만으로 성공하는 시절은 지나간 것 같아요."

"그런데 입시 정책은 또 계속 바뀌어만 가네요."

"엄마의 정보력이 중요하다는데, 머리가 아파요."

"어떤 세상이 올지 감을 잡을 수가 없어서 너무나 답답해요."

"지금 이맘때, 꼭 챙겨둬야 하는 중요한 공부는 무엇일까요?"

학교 공부와 학력만으로 삶의 수준과 행복을 보장받을 수 없다는

---

* 미국의 컴퓨터 과학자. 객체 지향 프로그래밍과 사용자 인터페이스 디자인 분야의 선구자로 불린다.

걸 엄마들은 직감한다. 어쩌면 학벌보다도 개인의 특별한 재능과 시대를 읽는 혜안으로 더 큰 성공을 거머쥘 수도 있지 않을까 하는 기대 심리도 있다. 그렇지만 내 아이의 재능이 무엇인지 정확히 감을 잡는 엄마들은 매우 극소수일 뿐이다. 그리고 시대가 어떻게 변화할지는 아무도 장담할 수가 없지 않은가?

시대가 변화하고 학벌이 예전만큼 중요하지 않다고 해서 넋을 놓고 있는 건 내 아이의 미래를 운에 맡겨버리는 무책임한 태도인 것만 같다. 그나마 부지런한 엄마들은 여기저기 자녀 교육과 입시에 관한 정보를 파악하겠다고 발품을 팔고 다니는데, 나만 이렇게 가만히 있어도 될까? 엄마들의 멘탈은 쉴새 없이 피로하다.

사실 입시 정책이 시대의 흐름에 맞춰 계속 변화해 온 것, 정보력이 중요한 것, 미래가 어떻게 변화할지 백 프로 장담할 수 없다는 이 모든 사실은 예나 지금이나 변한 게 없다. 진정으로 변한 것은 엄마들의 학력 수준이 과거에 비해 매우 높아졌다는 것과 인터넷을 통한 각종 입시, 교육 정보가 넘쳐나는 시대를 살아가고 있다는 것이다. 옷가게에 옷을 사러 간다고 치자. 옷의 종류가 적당히 다양한 가게에 들르면, 나름대로 골라 입는 재미를 누리며 만족스럽게 쇼핑을 할 수 있다. 하지만 옷의 종류가 너무 많은 대규모 매장에 들렀을 때는 어떤 옷을 구매해야 할지 이전보다 더 당혹스럽고 고민될 수 있다. 자녀 교육에 관한 선택에서도 이와 같은 마음일 것이다.

미래학자 앨빈 토플러(Alvin Toffler)는 이미 1970년 《미래의 충격(Future Shock)》에서 이와 같은 일상에서의 정보 과잉(information overload) 문제를 예견했다. 토플러는 디지털 정보화 세계에서 주어지는 과도한 선택과 자극이 인간이 수용할 수 있는 한계를 넘어서게 되면 인간이라는 유기체는 곧 육체적이고 심리적인 고통으로 반응하게 되리라 말했다. 고학력의 정보 검색과 활용 능력을 갖춘 이 시대의 엄마들은 앨빈 토플러가 이미 50년 전 미래 사회에 관해 예측한 바 있는 정보 과잉으로 인한 심리적 고통을 겪고 있는 건 아닐까?

조금만 더 노력하면 학생의 미래를 바꿔줄 고급 교육 정보에 맞닿을 수 있을 것만 같은 불안감을 느껴보았는가? 사교육 없이 성공적인 '엄마표 교육'으로 자녀를 훌륭하게 키워낸 여자들의 사례를 접하며 나는 그렇게 해주지 못함에 자괴감을 느껴봤는가? 아이러니하게도 똑똑하고 바른 심성을 가진 모범적인 엄마, 선생님들이 더 많은 책임감을 느끼고 더 많이 괴로워한다. 그런 분들에게 나는 먼저 "당신 탓이 아닙니다. 우리 모두 이렇게 복잡하고 힘든 세월을 견뎌내고 있네요."라는 위로를 건네고만 싶다.

초중고 정규 교육과정은 그 대상이 미래 사회를 이끌어나갈 아이들로 한정되어 있다. 따라서 취미와 특기의 세부적 전문성 개발보다는 시대의 변화에 걸맞은 전인적 교육을 추구하기 마련이다. 교육과정 개정과 입시 제도는 전 세계의 지구적 미래 예측 방향과 맥락에서 완전히 자유로울 수 없다. 진정으로 아이들을 위한 선생님이 되고 싶다면 거시적인 관점에서 세상의 흐름과 트렌드를 읽을 수 있는 안목을 갖추는 것이 우선이 아닐까 싶다. 물론 미래 예측이란 백 프로의 정확성을 갖기는 힘들다. 하지만 다수의 많은 전문가가 공통적으로 예측하는 변화라면 그 나름의 타당한 이유가 존재할 것이다.

그렇다면 시대 변화에 관한 큰 줄기의 맥을 짚을 수 있는 안목은 어떻게 길러지는가?

첫째, 입시와 교육 정보에 국한되지 않는 미래에 관한 다양한 영역의 독서를 즐기자. 위기가 기회라는 말이 있다. 산업과 경제 구조에 급진적 변화가 예견되는 이 시대에 미래에 관한 다양한 영역의 지식을 섭렵해 두면, 교육계의 변화 방향성도 읽을 수 있을 뿐만 아니라 나의 미래도 바뀔 수 있다. 독서를 통해 미래를 대비하는 힘으로 진정한 미래력이 형성된다.

둘째, 아이들의 개별 기질과 특성이 무엇인지 파악하기 위해 끊임없는 관심을 기울이자. 아무리 세상이 변한다고 해도 변화하지 않는 것이 있다. 디지털 가상세계로 우리 삶의 영역이 확대될 뿐이지, 그 안에서 사람은 자기를 표현하고 가치를 창출하며 관계를 형성한다. 어떤 특수 영역에서 더 즐겁고 편안하게 활동할 수 있을지, 개별 아이들의 타고난 기질과 적성을 파악하려는 노력을 게을리하지 말자.

셋째, 불안감을 버리고 유연해지자. 무엇을 당장 결정지으려 하지 말자. 미래학자들이 예견한 미래 사회의 공통적인 특징 중 하나는 다름 아닌 변화의 속도이다. 매우 빠른 속도로 많은 것들이 변화해 나갈 것이라고 한다. 그런 시대에 가장 중요한 것은 '유연함'이다. 인생의 중요한 결정을 숙고하고 결정지어, 그것을 끝까지 고수하며 뚝심 있게 밀고 나가는 시대는 지났다. 언제 어떤 변화가 찾아오더라도 유연하게 대처하는 삶의 태도가 당신의 인생을 평온하게 만들어줄 유일한 열쇠이다. 삶에 대한 유연함과 여유 있는 태도를 아이들이 함께 보고 느끼며 배우게 될 것이라는 점도 잊지 말자.

넷째, 디지털 시대의 기본 소양, 디지털 소통 방식에 꾸준히 관심을 갖자. 미래가 지금보다 정교하게 디지털로 연결된 세상이 올 것이라는 예측은 꾸준히 지속되어 왔다. 디지털 세상의 변화에 매우 빠르게 반응하는 얼리 어답터가 되자는 말은 아니다. 다만 사람들이 흥미를 지니고 가치를 부여하며 활용하는 디지털 디바이스도 변화하기 마련이지 않은가? 디지털 세계에서 많은 사람들과 연결되길 원한다면 변화하는 디지털 소통 양식에 관심을 유지하자.

다섯째, "널리 인간을 이롭게 하라."는 홍익인간 이념을 유념하자. 변화하는 시대에 사람들이 새롭게 필요로 하는 것, 새로운 니즈(needs)를 파악하여 사람에게 이로운 가치를 제공하자. 눈에 보이고 만질 수 있는 물질이 아니더라도 디지털 가상세계에서는 사람들이 새롭게 창출하는 '가치'가 창조되고 거래된다. 많은 이들의 필요와 욕구를 읽어내는 것, 사람들의 삶을 긍정적으로 변화시키는 새로운 아이디어를 창조하는 것은 시대를 불문하는 핵심 미래력 중 하나일 것이다.

미래에 일어날 수 있는 다양한 가능성에 대해 학생들과 심도 있는 대화를 나눌 수 있게 된다고 상상해 보자. 한 가지 길과 한 방향만 그려놓고 그것이 잘못된 계획과 선택일까 두려워하지 말자. 아이들의 기질과 특성을 중심에 두고 다양한 세상의 변화를 여러 방향으로 그려보면서 아이와 함께 의견을 나누어보자. 아이는 미래가 두렵기만 하고 불안한 것이 아니라, 여러 방향으로 다양하게 상상하며 그려볼 수 있는 것이라고 인식하게 될 것이다. 그리고 자신과 함께 다양한 의견을 나누어준 교사를 시간이 지나도 아름답게 추억할 것이다.

미래에 관한 여러 차원의 상상력이 가미된 다양한 비전과 스스로가 지닌 특별한 재능을 조화롭게 엮어보는 경험은 아이들에게 미래를 '살아보고 싶은 기대되는 시간'으로 만들어줄 것이다. 다음 세대를 위한 완벽한 미래 계획도 완벽한 선택도 존재하지 않는다. 우리가 할 수 있는 유일한 일은 개인과 세상의 유연한 조화를 추구하는 삶의 태도가 갖춰진 대화를 학생들과 함께 나누어보는 것이 아닐까?

인공지능시대와 알파세대의 등장

미래 교육의 맥을 짚는 학교 현장 교사의 질문과 성찰

Part 3 -------
변화가 두려운
어른들,
길 앞에 서다

01 ——
아무도 가보지 않은 길

"두려움은 언제나 무지에서 샘솟는다."

– 랄프 왈도 에머슨(Ralph Waldo Emerson)

삶은 언제나 선택의 연속이다. 우리는 자신의 삶을 흐르는 연속적 시간성 안에서 인식하며, 그것을 한 방향으로 나아가는 길로 빗대어 표현하곤 한다. 혹시 '인생'과 '길'이 합쳐진 '인생길'이라는 말이 당신 가슴에 찰떡처럼 와닿는가? 그렇다면 당신은 아마도 자신의 삶을 적극적으로 움직여 앞으로 나아가고자 하는 마음속 열정을 품고 있는 사람일 가능성이 크다. '길'을 바라보며 그대로 멈추어 있고 싶은 사람은 없을 것이니 말이다.

우리는 내가 걷는 그 길이 굽이굽이 험난하고 고된 길이 아니라 걷다가 잠시 멈춰 주변을 살피고 싶을 만큼 아름다운 꽃길이기를 바란다. 그리고 기왕이면 함께 손잡고 걸어줄 인생의 소중한 동반자와 친구들이 함께한다면 그 길이 더 아름답겠지 싶다. 거기에 조금 더 욕심을 낸다면 이미 앞서간 그 길의 여정 끝에 우리가 마주할 삶의 장면도 안전하고 평온한 것이라고 말해 줄 수 있는 삶의 멘토가 있다면 더 바랄 나위 없겠다. 그게 대다수 사람들이 '인생길'에 대해 가지고 있는 로맨틱한 환상 아닐까?

물론 사람마다 타고난 기질과 성향이 다르니, 그렇게 안정적인 꽃길보다는 나폴레옹이나 칭기즈칸처럼 모험심을 불태우며 낯선 영역을 정복하고자 하는 영웅의 길을 택하는 사람도 있기는 할 것이다. 그렇지만 나폴레옹과 칭기즈칸 같은 영웅심 가득한 사람들은 역사에 이름을 남긴 인물이 된 것일 뿐 결코 범인(凡人)이 아니기에 평범한 사람들은 그런 인생길을 선택하기 어렵다. 범인에게는 모험이 주는 짜릿함보다는 안전함과 편안함이 훨씬 더 중요한 가치로 자리매김하고 있다. 당연한 인간적인 마음이 그렇다.

하지만 이 시대를 살아가는 많은 사람은 인생의 길을 잃었다. 누구하나 '이렇게 사는 게 정답이야!'라고 명확한 답을 주는 이가 없다. 스스로 판단하고, 스스로 결정하라고 한다. 개인적 자유와 선택의 기회가 늘어났지만 실제로 늘어난 건 불안감이다. 자유에는 책임이 따른다고 하지 않았는가? 내 삶에 대한 온전한 책임은 나 혼자만의 것이다. 고독한 현대인이다.

현대 과학의 핵심 이론은 '불확정성의 원리'이며, 현대 철학은 A와

B 모두에게 통용되는 구조의 실체가 없다고 말한다. A와 B가 각자의 맥락에서 구성한 '현상학과 해석학'적인 대상의 구조 인식이 존재할 뿐이라고 설명한다.

미래에 관해 통용되고 있는 담론은 또 어떠한가? 디지털 초연결 세계의 창조로 삶의 방식이 새롭게 변화될 것이며, 변화의 패턴과 주기도 짧아질 것이라고들 한다. 뭐 하나 명확하게 장담할 수가 없는 복잡하고 미묘한 세상을 살아가고 있는 것 같다. 어쩌면 이 시대의 모든 사람들에게 각자의 타고난 성향과 무관하게 나폴레옹이나 칭기즈칸 같은 모험심을 갖고 살라며 강요당하는 기분이 들 수도 있겠다.

현대는 지식 정보화 시대이다. 많은 정보가 열려 있다. '무지'한 사람보다는 초고도로 전문화된 지식을 갖춘 사람들이 많다. 그런데 현대인의 심리적 강박과 불안지수는 그 어느 시대보다 더 높다. 무지는 두려움에서 샘솟는다. 이 문맥에서 현대인에게 적용되는 '무지'란 지식을 모른다는 것이 아니다. 다만 '지혜의 부재'에 가깝다. 방대한 양의 지식을 배웠지만, 그것을 자기 삶에 적용할 줄은 모른다. 삶의 여러 상황 속에서 무엇이 문제의 근본인지 헤아리지 못한다. 무엇이 '우리 모두'를 위해 '장기적인 관점'에서 선한 의도를 지닌 현명한 선택이 될지 상상할 줄 모른다.

우리는 성장기의 중요한 학창 시절에 배워야 할 많은 지식을 강요당했다. 지식이 어떻게 형성된 것인지 그 과정을 숙고하고 헤아리며 상상해 본 적이 없었다. 하지만 우리네 삶이란 스스로 삶의 과정을 상상하며 그려나가야만 하는 것이다.

미래를 백 프로 정확하게 예측할 수는 없다. 미래를 예측하느라 에너지를 허비하기보다는 더 나은 미래를 만들어나가기 위해 지혜를 모을 때이다. 하지만 지금껏 사는 동안 지혜롭게 사고하는 법을 경험해 볼 기회가 얼마나 있었을까? 늘 하루하루 최선을 다하며 바쁘게 살았고 매번 내게 주어진 삶의 의무와 일상의 과업에 충실했을 뿐이니, 미래를 상상하고 그리는 일은 익숙하지 않다. 우리 모두 가보지 않은 길 앞에 서서 두려움이 불쑥 솟아나는 건 이토록 당연하다.

02 ——
대한민국 교사가 느끼는
압박감

"위대함의 대가는 책임감이다."
– 윈스턴 처칠(Winston Churchill)

언제부터인가 '교육 개혁'이라는 말이 낯설지가 않다. 교육은 희망이자 미래인데, 언제부터 교육이 개혁의 대상이 되었는가?

한반도 좁은 땅덩이에 자연자원이 풍부하지도 않은 조건에서 우리나라는 1950년 전쟁 직후의 황폐한 가난을 극복하고 기적과 같은 성장과 발전을 이루었다. 그러한 국가 성장의 원동력에는 배움에 대한 열망과 근면 성실함, 그리고 뜨거운 교육열을 지닌 국민성이 바탕이 되었음은 부정할 수 없을 것이다.

교육을 통해 희망을 찾아온 우리의 국민적 정서는 아직도 건재하다. 우리가 겪고 있는 여러 가지 사회 문제에 대한 해답도 교육을 통해 찾고자 하기에 '사회 개혁'보다도 '교육 개혁'이라는 말이 더 익숙하게 느껴지는 것이 아닐까 싶다.

대한민국 교사로 살아가는 사람이라면 누구나 '교사도 학교가 두렵다'는 짧은 문장에 깊이 공감할 테지만, 교사가 아닌 많은 일반인은 그 말에 고개를 갸우뚱할지 모른다. 눈에 보이는 프로젝트 성과를 당장 내지 못했다고 구박을 하는 직장 상사도 없어, 인사고과를 잘 받아야 한다는 부담감도 없어, 심지어 일찍 해고당하지는 않을까 싶은 불안감도 없는 그 행복한 직업을 가지고서 '교사도 학교가 두렵다' 하다니 가당치도 않아 보인다. 복에 겨운 소리를 한다고 날카롭게 한마디 쏘아붙이고 싶을 수도 있다.

나는 여기서 묻고 싶다.

"사람은 무엇으로 사는가?"

2019년, 꽃피는 봄이 오고 많은 이들이 설레는 3월의 새 학기가 시작되었다. 3월의 학교는 매우 분주하다. 그해 나는 교직 생애 처음으로 1학년 담임 교사를 맡았다. 유치원과는 다른 학교생활 적응기를 맞이하는 1학년 아이들은 자기 자리에 가만히 앉아 수업 시간 40분을 버티는 것조차 매우 괴로워한다. 해마다 거의 고학년을 주로 맡아왔던 나는 갑자기 원치도 않았던 1학년 담임이 되었고, 익숙한 수업 방식부터 아이들을 대하는 말투까지 모든 걸 새롭게 익히고 적용하느라 하루하루가 버거웠다.

혹여나 선생님이 무서워 학교에 가기 싫다는 말을 듣고 싶지 않아 나는 매일 밤 아이들이 흥미를 느낄 만한 수업 자료와 수업 방식을 검색하며 시간을 보냈다. 아이들과 함께 놀이도 하고 노래도 부르며 나름대로 순조로운 3월을 흘려보내던 어느 날, 한 아이가 손을 번쩍 들어 나를 바라보았다.

"응, 우리 지영이 할 말 있니?"

"네, 선생님. 우리 엄마가요! 선생님이 젊어서 너무 좋대요."

활짝 웃으면서 만족스러운 표정으로 나를 보며 그렇게 말하던 1학년 지영이 얼굴이 아직도 눈에 선하다.

나는 잠시 멈칫하다가 지영이를 바라보며 담담하게 대답했다.

"그래? 고마워, 지영아. 그런데 어쩌지? 선생님도 늙는데."

나의 대답에 순간적으로 멈칫하며 당황하던 지영이 표정을 떠올리면 아직도 웃음이 난다.

엄마와 집에서 나눈 대화 속에서 나에 대한 호감을 있는 그대로 표현하고 싶었던 아이의 마음을 나는 알고 있다. 하지만 '젊어서 좋다'라는 그 말에 순간 씁쓸한 감정이 올라온 것도 사실이었다. 나는 언제까지고 좋은 교사로 평가받을 수 있을까?

교사로서의 삶에서 가장 버거운 건 '사람의 마음을 사는 것'이었다. 해마다 아이들과 학부모 모두의 마음에 드는 그런 '좋은 선생님'이 되어야 한다는 부담감을 평생 가슴에 짊어지고 살아야 하는 것 같다. 그런데 '좋은 선생님'이란 어떤 선생님인가? 아무리 노력한들 매해마다 나는 그들에게 과연 '좋은 선생님'으로 평가받을 수 있을까? 선생님이기 때문에 무조건적인 존경과 신뢰와 지지를 받던 세월이 지나간 지 오래다. 선생님이기 때문에 선생님다워야 한다는 사회적 압박을 온몸으로 느끼며 살아가는 사람들이 바로 대한민국의 교사들이다.

나는 교사이기도 하지만 한 아이의 엄마이고 학부모이기도 하다. 아이를 중심에 두고 '아이 엄마'로서 동네 아주머니들과 자연스럽게 새로운 관계를 맺기도 한다. 아이를 낳기 전에는 내가 워낙 편안한 인상에 처음 만나는 사람들과도 어색함 없이 대화를 나눌 수 있는 성격을 가졌는지라 아이 친구의 엄마들과도 불편함 없이 좋은 관계를 만들어 나갈 수 있을 것 같았다. 그런데 웬걸? 나의 털털한 성격은 아이 친구 엄마들과의 관계 형성에 도리어 걸림돌이 되고 말았다. 아이 친구 엄마들과 이야기가 조금만 깊어지면 '아이' 그리고 '아이의 선생님' 그리고 '교육 이야기'를 넘어선 각자 자신의 이야기를 풀어내기 마련이다. 그런 자연스러운 대화 중에 내 직업이 교사인 것은 오래지 않아 밝혀지고 만다. 그리고 아이 친구 엄마들은 나에게 갑자기 여러 가지 질문을 쏟아내기 시작한다.

"아이 문제집은 뭘 풀게 해요?"

"○○책 전집이 좋다던데, 누구 엄마도 그 전집 사서 읽혔나?"

"선생님은 솔직히 어떤 아이들이 제일 예뻐 보여요?" 등등.

학교 밖을 넘어선 세계에서만큼은 그냥 있는 내 모습 그대로, 편안한 마음으로 살고 싶었으나 공간의 문제를 넘어서 직업적 정체성이 탄로 나는 순간 내 삶은 피로해진다. 문제의 본질은 '내가 정말 솔직해도 되는가?'에 있다. 너무 솔직하게 대답했다가 '무슨 선생님이 그런 것도 모르냐?'라고들 생각할까 싶어 걱정이라면 기우일까? 웃음이 나지만 실제로 그랬다. 한 엄마가 던진 질문에 너무 솔직하게 대답했다가 "아니, 무슨 초등학교 선생님이 그런 것도 몰라?"라는 말을 들어본 적이 있다.

초등학교 선생님은 어디부터 어디까지 정답을 알고 있어야 하는지 모르겠지만, 질문이 무엇이건 나도 정답은 모른다. 집에서는 엄마로, 학교에서는 선생님으로 그저 하루하루 묵묵히 최선을 다해 살다가 아이들 문제로 실수하고 고민하고 아파하는 평범한 사람일 뿐이다.

2021년 3월, 코로나 사태로 학교가 문을 닫았다. 단 하루도 빠짐없이 학교를 나가 '개근상'을 타면 자랑스러워하던 시절을 보낸 우리가 사상 초유의 교육부 '개학 연기' 명령으로 학교에 나가지 못하는 상황을 맞이한 것이다. 내 직업을 알고 있는 많은 사람들이 나에게 물었다.

"학교는 도대체 뭐하니? 선생님들은 도대체 지금 뭘 하고 있니?"

그때마다 나는 어떻게 대답해야 할지 몰라 망설였다. 답이 나오지 않는 끊임없는 대책 회의를 하고 있다, 어떻게 번복될지 모르는 교육과정 문서와 각종 교육 계획 문서를 작성하고 있다. 교육청에서 구체적인 지침이 담긴 정식 공문서를 보내주기를 기다리고 있다고 이야기한들 그 답답한 엄마들의 심정이 가라앉을까 싶어 그냥 입을 꾹 다물었다.

외부로 보여지는 선생님의 역할은 '수업' 오직 그 하나일 것이다. 하지만 오직 그 하나의 '수업'을 진행하기 위해 선생님들은 법적 근거와 지침 아래 공문서 결재라는 정식 절차를 밟아 그것을 전제와 근거로 교육 활동을 펴나갈 수 있다. 하지만 그것은 어디까지나 교육계 내부의 사정일 뿐, 교육 문제가 도마 위에 오르면 모든 화살은 교사에게 직격타로 날아가고 만다.

이제 선생님들은 코로나 종식에 대한 기대감은 살짝 내려놓고 위드 코로나를 수용하며 원격 수업과 등교 수업을 병행하는 블렌디드 러닝에 익숙해져가고 있다. 다양한 원격 수업 방법, 온라인 콘텐츠 활용법, 동영상 제작 및 편집법, 각종 화상기기 작동법, 원격 수업 중 교사 실재감을 높이는 법, 쌍방향 실시간 소통 증진을 위한 각종 교육용 소프트웨어 활용법 등 여러 가지를 새롭게 배우고 익혀나가고 있다. 이렇게 배우고 익히지 않으면 얼마나 더 교직 생활을 버텨나가는 게 가능할까 싶어서 말이다. 그러면서도 한편으로는 그동안 코로나 이전의 교실 수업 상황에 적합하게 활용할 수 있는 각종 협동 학습 전략과 단체 놀이 활동 등 교수 학습 기법들을 다시금 활용할 수 있을지 장담할 수 없음에 당혹스럽다. 학교 안 선생님들의 피로도와 불안감은 더 많이 높아졌다.

우리 모두는 그 무엇 하나 장담할 수 없는 격변의 시대를 걸어가고 있다. 앞서 나는 물었다.

"사람은 무엇으로 사는가?"

사람은 관계 속의 인정과 사랑으로 산다. 특히나 선생님들이 살아가는 학교라는 공간은 사람 간의 관계를 전제로 배움과 성장이 움트는 곳이다. 이것이 학교의 본질이고 전부다. 그런 공간에서 선생님들은 얼마나 인정과 사랑을 느끼며 살고 계실까? 시대에 뒤처지지 않는 좋은 교사로 살아남기 위해 오늘 하루도 고군분투하고 계실 이 땅의 선생님들에게 응원의 메시지를 보낸다.

03

뉴노멀 평생 교육을
숙명으로 받아들인 어른들

"여유 있을 때 배우려 한다면 끝내 여유를 갖지 못할 것이다."
- 《미쉬나》 아보트 편

코로나19의 세계적인 팬데믹 이후 사람들의 일상 루틴에 많은 부분이 변화하면서 언제부턴가 '뉴노멀(New normal)'이라는 용어가 널리 확장되어 쓰이기 시작했다. 뉴노멀이란 '시대 변화에 따라 새롭게 부상하는 표준'으로 과거에 대해 반성하고 새로운 질서를 모색하는 시점에 등장한다. 일상의 표준이 변한다는 것은 당연하던 것이 더 이상 당연해지지 않은 것에 대한 불편함과 변화에의 갑작스런 심리적 충격을 발생시킨다.

코로나19로 인한 뉴노멀을 강요당하기 이전에도 이미 우리는 과학 기술 발달에 따른 세계화, 고령화 시대를 맞이하여 선택이 아닌 필수로서 평생 학습의 시대로 진입한 바 있다. 개인 컴퓨터 상용화에 따른 디지털 소양 교육과 교양 영어 학습, 정년 보장 직업군의 축소와 비정규직 직업군 확대에 따른 재취업, 직업 교육 필요성 증대로 많은 현대인은 바쁜 일상을 쪼개어 끊임없이 배움의 시간을 투자해야만 했다. 사회의 복잡성과 다양성이 늘어날수록 우리는 시대의 변화에 발맞춰 적응하고자, 시대에 뒤처진 사람이 되지 않고자 아침잠을 줄이거나 저녁 이후의 여가 시간을 포기해 가며 평생 교육의 장으로 뛰어들어야 했다.

때로는 한평생 사는 동안 세상의 변화 속도를 크게 느낄 일 없는 농경사회 사람들이 누렸을 삶의 단순성이 부럽게 느껴지기도 한다. 일상의 많은 부분(금융 서비스 시스템, 디지털 전자 제품 기능, 업무 활용 소프트웨어 진화 등)에서 우리는 해를 거듭해 나갈수록 끊임없이 새롭게 배우고 적응해 나갈 것을 강요당하는 세상에 살고 있다. 그러던 어느 날 갑자기 예고 없이 찾아온 코로나19 팬데믹 상황은 우리에게 숨 쉬는 방법, 사람을 만나는 방법까지 송두리째 변화시키기를 강요했다.

2020년 이후 인류가 맞이한 뉴노멀의 핵심은 '언택트'한 삶이 아닐까 싶다. 사람 간의 접촉을 최소화하는 비대면 '사회적 거리 두기'가 의무화됨에 따라 '접촉하다'란 의미의 'Contact'에 부정적인 의미 'un'을 합친 말 'Untact'와 관련한 대체 기술 서비스가 빠른 속도로 개발, 확산되었다.

우리 주변의 많은 상점은 판매 서비스 직원 고용을 급격히 줄이고 무인·자동화를 통해 대중들이 쉽게 스스로 주문과 결제를 할 수 있는 디지털 단말기 '키오스크'나 셀프 계산대를 설치했다. 물건을 사고팔기 이전에 낯선 여러 사람이 모여 "안녕하세요. 어서 오세요."라고 인사하며 얼굴을 마주하는 상황 자체가 어색하고 불편하게 느껴지는 새로운 비대면 문화가 형성되고 있다. 상대방 얼굴의 표정을 살피며 대화를 나누기보다 기계의 액정 모니터 화면을 터치하며 빠르게 용무를 처리하는 것에 익숙해져가는 것이다. 특히나 낯선 타인에 대한 무관심과 경계심은 더욱 커진다.

언택트 서비스 외에 온라인을 통한 외부와 연결(on)됨을 접목시킨 개념으로 사람과 사람이 비대면 온라인을 통해 소통하는 온택트(On-tact) 서비스도 매우 강력하게 일상 속으로 침투되었다. 초·중·고등학교를 비롯한 대학교의 모든 교육기관에서 오프라인 수업을 멈추고 온라인 강의를 시작하였으며, 재택근무가 활성화된 기업의 직원들도 화상 회의 서비스에 새롭게 적응해 나가고 있다. 한동안 유튜브에는 '줌 활용법', '팀즈(Teams) 글로벌 화상 회의 사용법' 등 온택트 서비스를 제공하는 소프트웨어 툴 기능 활용에 관한 영상들이 끊임없이 업로드되었다. 동영상 제작, 디지털 상호 작용에 적합한 다양한 교육용 소프트웨어 활용, 이제는 생생한 가상현실 세계 기반의 상호 작용이 가능한 메타버스 관련 프로그램들까지 속속들이 등장하고 있다. 그것도 도

대체 어떤 소프트웨어 프로그램을 선택해서 활용할지에 관한 끝없는 고민이 머릿속을 맴돌 만큼 다양하게 말이다.

2020년 너무나 갑작스럽게 예고 없이 찾아온 코로나19로 충격과 공포에 빠져 일상의 많은 부분이 그저 패닉 상태로 멈춰져 있던 것을 만회하려는 듯, 2021년은 위드 코로나 시대를 살아내기 위한 더 많은 변화가 일어났다. 잠시 1년간 휴직하며 집에 머문 사람들은 과연 내가 다시 직장으로 돌아가 그 많은 업무 방식의 변화에 한꺼번에 적응할 수 있을까 싶어 엄청난 심리적 압박감을 느끼고 있다.

또한 많은 오프라인 상점들은 전자상거래 등록 절차를 밟아야 했다. 사람들의 바깥 출입이 현격히 줄어들고 오프라인 쇼핑을 꺼리면서 많은 사업주들은 배달 서비스를 연동해야만 했다. 소비자가 어플리케이션 앱을 통해 편리하게 물건을 구매할 수 있도록 디지털 시스템을 구축해야만 판매 수익률을 어느 정도 유지해 나갈 수 있게 된 것이다. 전자상거래가 늘어남에 따라 일상을 위한 소비 방식도 새롭게 변화되고 있다.

사람들은 코로나19 사태를 경험하면서, 평생 새롭게 무언가를 배워 나가야 하는 것이 피할 수 없는 '선택이 아닌 필수' 가치관이 되었다고 받아들이고 있다. 나이를 불문하고 우리 모두는 새로이 변환된 삶의 방식에 적응하기 위하여 온 에너지를 쏟아내야 했다. 이 변화에 적응하지 못하면 살아남지 못할 것처럼 고군분투한 사람들의 열정이 엄청나다.

앞으로 미래 사회는 기술 발전, 인구 변화, 자원 고갈, 세계화를 중심축으로 일하는 장소와 방식, 시간에의 혁신적 변화가 지속적으로 일어날 것이라 예측된다. 수명 연장과 노령 인구 증가는 근로 연령의 한계를 허물 것이며, 4차 산업혁명으로 기존에 없던 새로운 직업군이 생겨나 그에 관한 새로운 배움과 적응이 요구될 것이다. 평생교육은 이 시대를 살아가야만 하는 모든 사람에게 요구된 시대적 숙명과도 같은 것이다.

그렇다면 새로운 배움을 두려워하지 말자. 새로운 배움은 삶에 대한 도전과 기회의 경험을 제공해 줄 것이다. 피할 수 없으면 즐기라고 했던가? 평생 교육은 나 혼자에게만 국한된 의무가 아니라 이 시대 인류 모두에게 요구되는 시대적 요구라는 걸 잊지 말자. 편안한 마음으로 새로운 시대의 변화 양상을 관찰하며 그저 한 걸음씩 호기심 어린 마음으로 배움을 지속해 나가다 보면 어느새 도전과 배움을 사랑하는 새로운 사람으로 변한 내 모습을 발견하게 될 것이다.

04 ──

다음 세대에게 물려줄 수 있는 것들

"미덕이 없으면 자유가 없으므로 자유롭기 위해서는 미덕이 있어야 한다."

– 지두 크리슈나무르티(Jiddu Krishnamurti)*

우리는 누구나 세상에 태어나 성장하며 많은 이들의 가르침을 받는다. 독립적이고 자기 주도적인 인생을 꾸려왔다 할지라도 곰곰이 생각해 보면 우리는 항상 누군가로부터 보살핌과 관심, 사랑을 받으며 자라왔다. 특히나 어린 유년 시절, 우리는 나보다 성숙한 어른들로부터 관심과 사랑, 가르침을 받으며 자라나기를 희망한다. 지금 학령기의 시절을 살아가고 있는 우리 아이들도 역시나 같은 마음일 것이다.

나는 때때로 이 아이들에게 내가 줄 수 있는 게 무엇일까 진지하게 고민한다. 교사라는 직업을 가지고 평생을 살아가야 하기에 이런 고민

---

* 인도의 명상가이자 철학자.

을 이토록 진심을 담아 하는 것인가 스스로에게 궁금해지기도 하지만, 이 아이들이 성인이 되었을 때의 미래 모습을 종잡을 수 없이 막연하게 느끼고 있는 나의 막막함 때문에 미안한 마음이 들어 더욱 그런 것 같다.

아이들은 부모의 말보다 부모의 감정을 먼저 읽는다. 부모가 말로 표현하지 않아도 불안감이나 행복감 같은 부모의 감정을 고스란히 느끼고 있는 게 우리 아이들이다. 코로나19 팬데믹을 경험하며 묵묵히 미래 시대를 향해 또 한 걸음 나아가야 하는 내가 느끼고 있는 두려움과 막막함을 우리 아이들이 고스란히 느끼고 있는 건 아닌지 한 번 더 미안해진다.

문자가 없던 역사 이전의 선사시대에도 우리 인류는 삶의 경험을 통해 구축한 지식과 지혜를 이야기나 노래로 만들어 다음 세대에 전수했다. 전통과 가치를 고수하며 다음 세대를 위한 길잡이가 되어주는 것이 어른들의 당연한 몫이었다. 하지만 우리는 그런 어른으로서의 당연한 역할마저 '이게 맞나?' 싶은 혼돈을 느끼며 망설이게 되는 시절을 걸어가고 있다.

아이들은 이 세계에 관한 어떤 지식이든 내 머릿속에서 정리되어 말로 설명되는 것보다 훨씬 더 정확하고 명료한 형태로 검색을 통해 발견할 수 있게 되었다. 아이들이 가지게 될 직업은 내가 알고 있는 직업과 분명히 많은 차이점이 있을 것이다. 나는 어떤 직업이 어떤 면에서 더 가치 있게 여겨질 것인지 확신하며 아이들을 이끌어줄 수가 없다. 내가 해줄 수 있는 이야기들은 모두 미래에 관한 가설에 근거한 것일 뿐이다.

물론 아이들 앞에서 조금이라도 더 자신감 있게 바로 서고 싶은 마음으로 미래에 관한 다양한 책을 읽고 생각을 정리하는 개인적 시간을 갖는다. 그러나 여전히 막막한 것은 매한가지다. 결국 나는 아이들에게 더욱 솔직하게 다가서기로 결심한다. 그래서 이런 이야기들을 해준다.

"얘들아, 너희들이 살아갈 시대에는 아주 많은 게 변할 거래."

"선생님도 무언가를 장담할 수는 없어. 나도 책에서 읽었어."

"그래서 너희 세대는 더 많은 용기가 필요하대. 하지만 4차 산업혁명을 이끌어가려고 선두에 앞장서는 아주 특별한 세대야."

아이들에 대한 막연한 미안함은 그 대신 더 많은 공감과 사랑으로 채워주려고 노력한다. 내가 성장하던 시절에 비하면 지금 자라나는 이 아이들은 정서적으로 더 많이 외롭다. 실외에서 자유롭게 몸을 움직이며 뛰어놀 당연한 권리를 박탈당했고, 초등학교 저학년부터 더 많은 공부량과 학원 출입을 강요당한다. 마을 안에서 자연스럽게 '언니, 오빠, 동생'과 어울려 놀이하며 다투고 화해하는 과정을 경험할 기회가 없어 양보하고 배려하며 대화하는 법을 잘 모른다. 혹시 모를 학교폭력 문제에 우리 아이가 연루될까 싶어 예민해진 엄마 아빠의 염려에 귀를 기울이며 친구의 장난이 폭력은 아니었을까 긴장된 마음을 가지고 살아간다.

해를 거듭하여 새 교실에서 새 학년 아이들을 맞이하면서 느끼는 점은 우리 아이들이 점점 더 '노는 방법', '자기 감정을 표현하는 방법'에 서툴러지고 있다는 점이다. 언제부터인가, 이 아이들에 대한 연민의 마음이 내 안에서 점점 커져나갔다. 내가 어린 시절 누렸던 당연한 권리들을 빼앗긴 채 너무 어린 나이에 공부 스트레스를 토로하는 아이들과 함께 생활해 나가면서 안타까움을 감출 수가 없었다. 공부를 잘하건 못하건 상관없이 그저 있는 그대로 사랑받고 싶은 어린이들의 마음을 헤아려주고 싶었다.

내가 다음 세대 아이들에게 물려줄 수 있는 것, 물려주고 싶은 것은 다름 아닌 '공감과 사랑, 그리고 연대의 소중함'이다. 왜냐하면 지금 자라나고 있는 이 아이들이 가장 결핍으로 느끼는 부분이자 필요로 느끼는 부분임을 알고 있기 때문이다.

아이들은 어른들이 정답과 규칙을 설명해 주며 안전하게 자신들을 이끌어주기 이전에 내 감정이 어떠한지, 내가 왜 슬픈지, 왜 기쁜지 알아차려주기를 바란다. 아이들은 친구와 신나게 뛰어놀며 온몸으로 자유로움을 만끽하고 싶을 뿐이다. 아이들은 그런 자신의 마음도 미처 모른다. 누가 먼저 그런 솔직한 마음을 좀처럼 물어봐주지 않기 때문이다.

미래 사회에는 인공지능 기계 문명의 발달이 극대화될 것이다. 인간은 기계가 할 수 없는 일을 하면서 살아가야 한다. '공감과 사랑 그리고 연대'하는 마음의 힘은 인공지능이 따라잡을 수 없는 인간만의 고유한 마음의 능력이다. 아이들의 감정을 헤아려주고, 사랑을 느낄 수 있는 말을 해주고, 각자 개인이 아닌 '우리'가 함께라서 더 좋을 수 있다는 값진 경험을 만들어줄 때 우리 아이들의 미래가 좀 더 편안하고 아름다워지지 않을까 싶다.

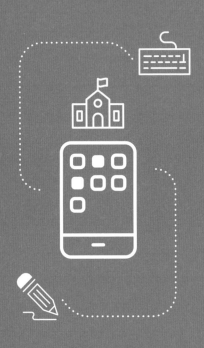

Part 4 - - - - - - -
미래 교육을 위한
패러다임의 전환

01 ——
북미의 미래 교육 준비
(미국, 캐나다)

"혁신은 1,000번의 '아니오'라고 말하는 것에서 시작된다."
– 스티브 잡스(Steve Jobs)

미국은 2차 세계대전 종식 이래 자본주의 중심의 세계 경제를 주도하는 나라로 성장하였다. 미국인들은 황무지 땅에서 여러 나라의 이민자들을 받아들여 자본주의를 대표하는 '창조적 파괴' 정신으로 세계 최고의 부를 일궜다는 자부심이 대단한 나라이다.

미국은 이민자들이 세운 나라로서 '다양성'과 '개방성'을 그 문화적 근간으로 하고 있다. 한때 세계 각국의 많은 젊은이들은 미국을 '기회의 땅'으로 여기고 아메리칸 드림(American Dream)을 꿈꾸며 이민을 택했다. '국적'과 '피부색'이 어떠하건 누구나 미국에 와서 열심히 노력하면 성공할 수 있을 것 같은 꿈과 환상의 나라로 세계인들을 매료시켰던 미국의 교육은 어떤 모습일까?

하버드 대학의 첫 여성 총장 드루 파우스트(Drew Gilpin Faust)는 2015 다보스포럼 인터뷰에서 "미국 교육의 힘은 다양성이다. 여러 경로를 통해 다양한 사람들이 고등 교육을 받을 수 있게 하는 것이 중요하다."고 말했다. 다양한 고등 교육이란 고등학교 졸업 후 대학교 외에도 여러 선택지가 있다는 뜻이다. 미국은 실제 종합대학에서 공부하는 것 외에도 2년제 커뮤니티 컬리지, 직업전문대학 등의 선택이 가능하다.

미국은 초등학교, 중·고등학교 정규 교육과정도 매우 다양한 스펙트럼을 가지고 있다. 대체로 연방정부가 아닌 주정부 및 지방정부의 책임 아래 학교 설립, 교육과정 개발, 등록·졸업 등에 관한 사항을 결정한다. 주정부는 교육 정책을 큰 틀에서만 관장하는데, 의무교육의 연한을 결정하고 교원자격증 수여 방법을 정하거나 지역교육청 교육예산 편성 및 배분 등을 담당한다.

한편 각 지역교육청에는 교육위원회(District Board of Education)라는 의사결정기관 또는 자문기관을 두고 교육과정 등 각종 공립학교의 정책 수립, 휴무일 지정 등을 의결 또는 자문한다. 그리고 교장·교원과 더불어 각 학교의 운영 및 교육은 교육감이 시행한다. 따라서 미국은 국가 주도의 교육 행정 통제와 관리가 이뤄지기보다, 각 지역 간 교육 자치의 자율성이 강조된다. 실 거주 지역에 따라 교육에 관한 부분이 많이 달라지는데, 심지어 유치원 과정의 의무교육 여부조차 주에

따라 다르다.[*]

미국인들의 삶에 대한 다양성, 개방성 가치 존중 문화는 때때로 대학 교육 졸업장 취득에 대한 책임과 압박감마저 날려버릴 만큼 강렬하게 작동한다. 그래서인지 미국인들의 대학 중퇴율은 가히 세계 최고 수준이라고 알려져 있다. 만약 이 글을 읽고 있는 독자가 '영어 공부' 혹은 '동기 부여'에 관한 주제에 관심을 가진 사람이라면 아마도 한번쯤 디지털 영상을 통해 성공한 미국인들이 자국 대학교 졸업식에 초대받아 펼치는 연설 장면을 감상한 적이 있을 것이다. 나 역시 그러한데, 미국의 여러 유명인 연설 주인공은 꼭 명문 대학 중퇴 이력을 가진 경우가 많아 보였다. 마이크로소프트사 창립자 빌 게이츠(Bill Gates)와 페이스북의 창시자 마크 저커버그(Mark Zuckerberg)는 세계 최고 명문대 하버드 대학을 중퇴한 것으로 알려져 있다. 애플사의 CEO였던 스티브 잡스 역시 리드 컬리지(Reed College) 학위 과정을 다 마치지 않고 중퇴했다.

우리나라 문화권에서 볼 때, 정규 교육과정 코스와 대학 학사 과정을 그대로 밟지 않고 중퇴를 한다는 것은 조직과 집단 문화에 순응하지 못하고 부적응한 결과로 치부시켜버리는 경향이 짙을 것이다. 그러나 미국은 경제적 효용성, 개인의 능력주의와 성과주의를 기반으로 한

---

[*]   주미국대한민국대사관, 교육정보/미국학교제도, https://overseas.mofa.go.kr/us-ko/index.do

창조와 혁신 정신 그리고 다양성을 훨씬 더 중요한 사회적 가치로 여긴다. 이러한 국민 전체의 의식 구조와 문화적 가치 기반은 미국의 젊은 청년들로 하여금 우리나라 청년들보다 상대적으로 더 모험적이고 대범하며 과감한 선택을 가능하게 만드는 토대가 된다.

미국의 공교육 시스템은 코로나19 사태 이후 더 큰 패러다임적 전환이 일어나고 있다. 집단이 아닌 개인의 학습이 더 존중받는 '개인화된 학습'이 기본 전제가 되는 새로운 법률 제정이 뒷받침되기 시작했다. 최근 미국의 많은 대학들은 코로나로 인한 시험장 폐쇄로 인하여 입학 심사에서 테스트 옵셔널(TEST OPTIONAL) 정책을 적용하고 있다. SAT/ACT 등 표준화 시험 점수를 제출하고 안 하고는 학생의 선택이나, 학교에 따라서 제출된 점수를 아예 심사 요건에서 제외하는 경우도 있다. 테스트 블라인드(TEST Blind) 정책으로 학생이 점수를 제출해도 전혀 고려하지 않는 대학이 늘고 있다고 한다.

또한 표준화 시험에 따른 상대평가보다 해당 대학별 고유 기준을 정립하고, 학생을 전인적으로 평가하는 절대평가 방식이 늘어나고 있다. 따라서 SAT 점수를 높게 받기 위해 규정화된 시험 유형에 익숙하게 훈련받고자 많은 교육비를 지불하던 유학 준비생들의 모습이 이제는 많이 달라지게 될 듯하다.

미국은 창조적 기업가 정신이 교육 혁신 사례에도 적용된다. 국가 주도가 아닌, 개인이나 기업가 중심으로 창조적 인재를 양성하는 교육 혁신 이니셔티브(Initiaive) 사례로 칸랩스쿨(Khan lab school)과 미네르바스쿨(Minerva School)을 소개해 보고자 한다. 두 미래 학교의 운영 사례는 앞으로 글로벌 교육 산업의 방향성을 제시해 주는 상징적 모델이다.

먼저, 칸랩스쿨은 학생들이 스스로의 강점과 약점을 파악하고 자기 주도적으로 학습하는 유연한 소통 지향형 교육을 추구한다. 칸랩스쿨의 창립자 살만 칸(Salman Khan)은 매사추세츠공대(MIT)를 졸업하고 금융계 회사에서 일하다가, 조카의 공부를 돕기 위해 유튜브에 수학 문제 풀이 영상을 올리기 시작하며 비영리 온라인 교육가로 삶의 궤적을 바꾸게 되었다고 한다. 그는 학생 중심 맞춤형 학습을 통해 미래 시대의 필수 역량인 창의성과 의사소통 능력, 문제해결 능력 등을 길러주고자 하였다.

살만 칸이 제시한 미래 학교와 기존 학교의 가장 큰 차이점은 '학습 진도'인데, 칸랩스쿨에는 학년 구분이 없다. 학습 이해도와 관심사에 따라 클래스가 나뉘기 때문에 10살 형과 8살 동생이 사칙연산을 함께 공부하는 보기 드문 광경이 펼쳐진다. 나이를 넘어선 개인 맞춤형 교육이 이뤄지는 셈이다. 또한 교사는 가르치는 사람이라기보다 조력자에 가깝다. 교사는 학생이 자신의 흥미와 수준에 맞춰 스스로 공부할 수 있도록 돕는 역할을 한다. 학생은 자기 스스로 학습 시간표를 짜고 학습 목표도 세운다.

　세계적인 교육 혁신 대학으로 이름을 알린 미네르바스쿨(Minerva School)은 '캠퍼스 없는 대학', '온라인으로만 수업하는 대학', '하버드보다 입학하기 어려운 대학' 등 다양한 수식어가 붙는다. 미네르바스쿨은 표준화된 점수나 대학 입학 자격시험인 SAT를 입학 평가 기준으로 삼지 않는다. 대신 학생의 가치관과 학습 능력을 파악하기 위한 자체 테스트를 진행하고 있다. 미네르바스쿨은 캠퍼스가 존재하지 않으며 정치, 경제, 문화를 아우르는 세계 주요 핵심 도시를 선정하여 이동하며 프로젝트 학습을 진행한다.

　이토록 혁신적인 대학 시스템을 가장 먼저 제안한 인물은 벤처사업가 벤 넬슨(Ben Nelson)이다. 그는 만약 대학이 지금처럼 정보만 제공하는 교육을 한다면 성공하지 못할 것이라며, 모든 변화에 대응해 문제를 해결할 수 있는 '지혜'를 가르치는 것이 교육의 진정한 가치라고 여겼다. 그만큼 지혜를 쌓는 배움은 당장 사회에서 인정받는 뛰어난 직종에서 일하는 것 이상으로 중요한 일이다.

　미네르바스쿨은 학생들이 갖춰야 할 소양을 다섯 가지로 말한다. 첫째, 호기심이 많을 것. 둘째, 한 분야 이상에 열정을 쏟을 것. 셋째, 성실할 것. 넷째, 팀으로 일할 수 있을 것. 다섯째, 겸손할 것. 입학 후 1년 동안 학습하는 커리큘럼도 같은 맥락이다. 미네르바스쿨 학생들은 비판적으로 사고하고, 창의적으로 생각하며, 효과적으로 의사소통하고,

효과적으로 타인과 협력하는 법을 훈련한다.

　미국 북부 지역에 위치한 캐나다의 교육은 미래를 향해 어떻게 변화해 나가고 있을까? 캐나다 교육의 첫 번째 핵심 가치는 '형평성(Equity)' 추구에 있다. 이는 개인의 차이와 무관하게 모든 학생을 똑같이 교육하자는 의미라기보다, 모든 사람을 공정하고 포괄적으로 존중하며 대우하고자 개인 각자의 필요에 맞게 교육하자는 의미이다. 캐나다는 교육부를 각 주별로 따로 두어 학교법을 지침으로 제공하면서, 지역과 단위학교가 기초 기능 교육을 잘 수행하도록 하는 한편, 지역 실정에 맞게 자율적으로 교육 정책을 운영한다.

　영국계 캐나다의 최대 중심지이자 캐나다 제1의 도시 온타리오주는 2003년 이전까지 고교 졸업률이 60%대에 그쳤으나 꾸준한 교육 혁신을 통해 고교 졸업률이 2015년 86%까지 오를 수 있었다. 교육 혁신의 중심은 대학 진학을 위한 입시 중심이 아닌 학생들이 직접 자신의 꿈을 찾을 수 있는 교육과정에 충실한 '모두를 위한 교육'의 실천이었다.

　캐나다 교육은 입시 중심이 아닌 다양한 경험을 통해 스스로 진로를 선택하도록 돕는 교육 경험을 설계하였다. 다양한 경험을 통해 자신의 흥미를 찾고 스스로 진로를 선택할 수 있도록 도와주는 '전문 기술 전공(SHSM, Specialist High Skills Major)' 프로그램 및 기업과 손잡고 현장 실습(인턴십)을 운영하는 '코업(Co-op)' 프로그램도 활성화되어 있다. 온타리오주는 코업 프로그램을 운영하는 학교에 정부 지원금을 준다.

캐나다 연방정부는 교육법을 제정하는 것 외에는 주 교육에 관여하지 않으며, 교육 자치를 철저하게 보장한다. 따라서 각 주가 운영하는 교육 시스템도 조금씩 다르고 독립적이다. 온타리오주는 캐나다 내에서 인구 밀도가 가장 높으며 다양한 교육기관이 있다. 온타리오주 정규 교육의 장점 중 하나는 졸업 시험이나 수능평가 없이 대학 입학이 가능하고, 절대평가제로 재학생들의 학업 부담이 적다는 점이다.

캐나다 교육은 '모두를 위한 교육'을 추구한다. 평소 서로 다른 점을 인정하고, 어울리는 것을 중요하게 생각한다. 특히 타인을 위한 희생과 책임감을 강조하는 교육을 꾸준히 실천해 온 캐나다에서는 혐오 발언에 관한 내용을 형법에서 다룰 만큼 중요시 여긴다. 인종이나 종교, 출신 국가, 민족, 성별, 성적 지향, 장애 여부 등과 관련해 차별을 조장하거나 불쾌한 언어적, 비언어적 표현으로 수치심을 자극하는 행위에 대해서는 강력한 규제 정책을 시행하고 있다. 또한 '인권법'을 통해서 차별을 의도하거나 암시하는 내용으로 상대를 비방하거나 괴롭히는 행위를 금지함으로써, 모든 국민에게 차별받지 않을 권리가 부여됨을 강조한다.

이 같은 법적 규제는 혐오 발언에 대한 사회 전반적인 분위기 형성에 영향을 미치고 있는데, 학교 교육에서는 혐오 발언이나 행위 자체에 대응하기보다 이를 사전에 방지하기 위한 차별 금지에 무게를 실은 교육이 실행되고 있다. 실제 인종 차별과 원주민을 비롯한 소수 민족 보호에 관한 내용 및 필리핀 이민자의 삶과 캐나다로의 이주 역사를 학습할 수 있도록 해당 내용을 정규 교육과정에 포함시켜 학생들에게 적극적으로 교육하고 있다.

02 ———

유럽의 미래 교육 준비
(영국, 프랑스, 스웨덴, 덴마크, 핀란드)

"쓰이지 않는 지혜는 따뜻하지 않은 불과 같은 것이다."
- 스웨덴 속담

새로운 미래를 열어가기 위한 세계 각국의 교육 혁신 사례들이 늘어가고 있다. 본 장에서는 많은 이들이 오랜 역사적, 문화적 정통성을 지니고 국가 경쟁력을 높이기 위해 교육 시스템에 변화를 추구하고 있는 유럽의 선진 사례를 제시해 보고자 한다. 영국, 프랑스, 스웨덴, 덴마크, 핀란드를 중심으로 각국이 추구하는 변화의 흐름과 방향성을 포괄적으로 이해하며 그 안의 공통점을 헤아려보는 것은 우리나라의 미래 교육 청사진을 그려보는 데에도 큰 도움을 줄 것이다.

먼저 첫 번째로 영국의 사례를 살펴보자.

영국발 교육혁명은 최근 들어 전 세계적인 주목을 받고 있다. 영국은 4차 산업혁명 시대에 부합하는 인재를 양성하고자 학교와 산업계가 함께 적극 협력하여 교육 혁신에 나섰다. 영국 교육부는 2019년 4월 1,000만 파운드(약 150억 원) 규모의 에듀테크* 지원 전략을 발표하였다. 해당 전략은 교육 분야에서 기술 잠재력을 실현함으로써 교사들의 업무 부담을 줄이고 효율적인 학습 생태계 확립을 목표로 하고 있으며, 행정, 평가, 교수법, 전문성 개발, 생애교육 부문과 관련된 10가지 핵심 과제를 다룬다.

영국은 전 세계적으로 에듀테크 기업들이 가장 활발하게 활동하는 국가다. 영국의 디지털경제위원회(Digital Economy Council) 자료에 따르면 영국의 에듀테크 산업은 유럽에서 가장 빠르게 성장 중인 분야 중 하나이다. 유럽 공공 온라인 교육 서비스(MOOC)** 1위 '퓨처런'과 시험 통합 애플리케이션 '고지모' 등은 영국에서 개발된 대표적 에듀테크 교육 서비스 프로그램이다. 그리고 코로나19 사태로 전 세계가 혼란에 휩싸였던 2020년 4월, 영국 교육부는 새로운 온라인 강의 교육 플랫폼 '스킬툴킷(Skills Toolkit)'을 발 빠르게 공개했다.

---

* 에듀테크는 교육(Education)과 기술(Technology)의 합성어로 기존 교육에 미디어, 디자인, 소프트웨어, 가상현실(VR), 증강현실(AR), 3차원(3D) 등 정보통신기술(ICT)을 융합한 학습 경험 제공을 목표로 한다.

** 대규모 사용자를 대상으로 한 온라인 공개수업(MOOC, Massive Open Online Course)을 뜻하며, 토론 게시판 등을 중심으로 활발한 커뮤니티를 만들어 수업을 진행하는 것이 특징이다. 원격교육이 진화한 형태로, 초기에는 평생 학습, 열린교육을 목표로 했으며, 오늘날에는 개방성을 지닌 교육 방식이라면 모두 온라인 공개수업이라고 통칭한다.

영국 정부는 '스킬툴킷' 강의 목록을 만들고자 업계 전문가를 모았으며, 그들과 토의를 거쳐 필요한 디지털 역량을 미리 선정했다. 현재까지는 실용 수학, 컴퓨터 기초, 자기 계발, 취업 역량 개발, 사업 및 재무, 디지털 디자인과 마케팅, 컴퓨터 과학과 코딩 등 7가지 강의를 들을 수 있도록 개발되었다.

프랑스는 '끌레미(CLEMI)'라는 전문 국립미디어센터 교육기관을 통해 미디어 교육을 적극적으로 실시하고 있다. 교육부 산하 기관으로 운영되는 끌레미는 경우에 따라 교사를 위한 교재 제작, 교육 지원, 행사 기획, 수준별 미디어 교육 로드맵 등을 적재적소에 제시한다. 또한 교육 현장에서 실제적으로 미디어 교육이 실천될 수 있도록 학교, 미디어, 공동체(시민사회)에서 원활한 연계 지원 활동을 펼치고 있다. 운영 초기에는 교사와 학생에 초점을 두던 교육 활동이 주를 이루었으나 최근에는 학부모 대상으로 확대시키고 있다.

미래 교육 트렌드를 이끄는 새로운 학교 모델 중 하나로 프랑스 '에꼴42(Ecole 42)'도 주목을 받고 있다. 강사, 교재, 학비가 모두 없는 3무(無) 학교로 유명한 이곳은 프랑스 프리모바일의 자비에 니엘(Xavier Niel) 회장이 사비를 들여 2013년 파리에 처음 문을 연 컴퓨터 프로그래밍 학교다. 에꼴42는 강사 없이 프로젝트를 하며 배운다. 공부는 동료 학습 기반의 프로젝트이며 정답이 없는 문제를 동료와 같이 해결하는 현장과 비슷하다. 평가도 동료평가로 진행되며 졸업장도 없다.

　에꼴42 캠퍼스는 전 세계로 퍼져나가 2020년 기준 15개국 21개로 늘어났다. 에꼴42가 미래형 교육의 한 예시가 되는 이유는 다음과 같다. 첫째, 스스로 공부하는 시스템을 만들어냈다. 둘째, 배우는 과정에 강사가 없이 자기주도 학습을 하게 된다. 셋째, 동료와 함께 배우거나 팀 프로젝트 등의 협업 기회가 널려 있다.

　북유럽 스웨덴은 '요람에서 무덤까지' 보장해 주는 사회 복지 국가로서의 명성이 높다. 1990년 초반부터 스웨덴 교육자들 사이에서는 문명의 변화에 맞춰 새로운 미래 학교를 설립하고자 하는 내적 의지가 확산되기 시작했다. 이러한 논의 결과 생겨나게 된 학교가 '프트럼 학교(미래 학교, Futurum Schola)'이다.

　프트럼 학교는 스웨덴 교육에서 가장 중요시 여기는 민주주의 정신의 계승을 강조한다. 이들에게 민주주의란 절차적 민주주의 수준을 뛰어넘는 다양성 존중과 약자 배려의 관용 정신을 의미한다.

　프트럼 학교에서는 팀 단위 프로젝트로 수업이 이뤄진다. 프로젝트 주제는 교사와 학생이 협의하여 정한다. 학생은 컴퓨터와 인터넷을 자유롭게 사용하여 정보에 접근할 수 있다. 이와 같은 교육과정을 운영하는 데 교사는 전통적으로 일방적 지식을 주는 역할이 아닌 팀의 작업을 이끄는 인도자 역할을 한다. 또한 이들은 학습에 있어 사회적 소통 능력을 중시한다. 1주일에 1시간은 사회적 소통 능력을 주제로 별도의 수업을 진행하며, 프로젝트 수업은 바로 이러한 사회적 소통 능력을 극대화하는 방법이라고 한다.

덴마크는 학생들의 '행복한 삶을 위한 교육'을 독특한 교육 체계 안에서 진정한 의미로 구현하고 있다. 덴마크 학제는 우리나라와 큰 차이가 있다. 유럽의 주변 국가와도 다르다. 가장 큰 특징이 국가의 공적지원을 받아 교육하는 공립학교 폴케스콜레(folkeskole)와 대안교육을하는 자유학교 프리스콜레(friskole)가 서로 동등한 힘의 균형을 유지한 채 공존하며, 학생들로 하여금 유연하게 그 사이를 오갈 수 있는 자유권을 보장한다는 것이다.

덴마크의 교육 목표에서 놀라운 것은 국가가 지향하는 교육의 도달점이 높은 수준이 아니라 기초 수준에 맞춰져 있다는 사실이다. 덴마크는 교육 목표 달성 그 자체보다 나아가는 과정을 더 중요하게 여긴다. 개별 아이들 모두가 가치 있는 존재이며, 서로 다른 개성을 가지고 있음을 인정하고 협력함으로써 주어진 목표를 함께 이루어나감이 중요하다고 이야기한다.

덴마크는 국민들의 공교육에 대한 신뢰와 만족도가 가장 높은 나라 중 하나다. 다양한 교육 선택권과 교육을 최고의 가치로 생각하는 사회 의식, 함께 만들어나가는 교육과정, 누구나 따라갈 수 있는 교육목표, 사회 구성원 모두가 협력하는 교육 구조 등 공교육에 대한 인정과 신뢰가 안정감을 갖추고 있다.

핀란드는 교사들에게 교실 안 교육과정을 구성할 수 있는 자율적 권한을 부여하며, 그 토대 속에서 민주주의가 구현될 수 있도록 돕는다. 핀란드의 국가교육위원회는 교육 관계자들의 의견을 폭넓게 수렴하여 10년을 주기로 교육과정을 개정한다. 지난 2016년부터 핀란드는 아이들이 스스로 자신의 삶에 대해 긍정적인 호기심을 바탕으로 학습과 삶의 깊이 있는 연관을 탐구하며 스스로 현상을 이해하기 위한 배움으로 이어지는 현상 기반 학습인 프로젝트 학습(PBL, Project Based Leaning)을 교육 현장에 적극적으로 적용했다. 그러나 평가 문제 등과 관련해서는 각종 시행착오가 발생하고 있다.

핀란드 국가교육위원회는 큰 틀의 방향성을 수정하지 않은 채 활발한 세미나를 조성하는 등 각 교육 주체들의 의견을 자주 듣는다. 교육과정 또한 한국처럼 세밀하게 국가 차원에서 제공하지 않는다. 학교에서의 민주시민교육을 활성화하기 위해서 무엇인가를 더 만들기보다 교육부나 각 교육청의 공문을 대폭 줄이고 교사에게 최대한 자율성을 주는 것이 더 바람직한 방향이 될 수 있음을 보여주는 사례이다.

03 ——
아시아의 미래 교육 준비
(중국, 일본, 싱가포르)

"배우기만 하고 생각하지 않으면 얻는 것이 없고, 생각하기만 하고 배우지 않으면 위태롭다."
– 공자(孔子)

아시아는 북미, 유럽권의 국가들에 비해 상대적으로 국민 개개인의 자유와 권리 자율성을 존중하는 교육 환경을 구축하기에 여러 가지 사회 문화, 역사적 토대가 부족했다. 우리나라를 포함한 중국, 일본, 싱가포르 정부는 각국의 공교육 시스템을 국가 주도의 행정적 관리와 통제하에 두고 국가 경쟁력을 강화하기 위한 목적으로 개선해 나갔다.

우리나라의 경우 근래 들어 진보정권과 진보교육감 선출에 따른 지역 단위 교육자치, 교육 자율권 행사를 위한 여러 변화를 꾀하고 있다. 그러나 오랜 기간 자생적 풀뿌리 민주주의의 태동을 경험한 역사적 뿌리를 지닌 서양권 국가들에 비하면 상대적으로 공교육을 바라보는 인식이 여전히 비민주적이다. 공교육을 국민 개개인의 행복하고 인간다운 삶을 위한 국가 보장 사회 시스템의 일환으로 여기며 국민 모두의 존엄한 삶을 실현시키기 위한 교육 시스템을 만들어나가기 위해 노력해야 한다고 생각하기보다는 능력주의에 기반한 우수 인재 선출 및 국가 경쟁력에의 활용을 위한 것으로 바라보는 시선에 많은 이들은 더 익숙해져 있다.

그렇다면 우리나라의 인접 아시아 국가들은 어떻게 미래 교육을 준비하고 있을까?

중국은 공산당이 이끄는 사회 체제를 갖추고 있다. 2021년에는 중국 공산당 창당 100주년 경축대회가 베이징에서 개최되기도 했다. 2019년 2월, 중국 당중앙위원회와 국무원은 〈중국교육현대화 2035〉를 발행하였다. 이는 중국 최초의 교육 현대화를 주제로 한 중장기 전략 계획이고, 신시대에 걸맞은 교육 현대화, 교육 강국 건설을 위한 지도 원칙적 문헌이다.

중점은 교육 현대화의 전략 중 제8항인 '정보화 시대 교육 변혁 촉진'으로, 스마트 학교를 건설하고 일체화 수업, 관리, 서비스 플랫폼을 총괄적으로 건설하며 현대 기술을 이용하여 인재 육성을 위한 모델 개혁을 개발하는 것이다. 또한 교육 관리 방식의 혁신을 이루고 현대화 교육 관리 및 감시 시스템을 신속히 갖추며, 정밀한 관리 및 과학적 정책 입안을 추진하겠다고 선언하였다.

중국은 2018 미중 무역전쟁 이후, 미국을 넘어서는 세계 초일류 AI 국가를 꿈꾸며 2030년까지 인공지능 분야에서 세계 1위 국가로의 부상을 목표로 한다. 인공지능 기술 개발 연구에 엄청난 양의 자본과 인력을 투입하고 있으며, 교육 분야에서도 인공지능으로 교육을 어떻게 변화시키느냐에 초점을 맞춘 새로운 교육 변영을 꿈꾼다.

사회주의 이념을 기반으로 중국은 STEAM 교육, 메이커 교육, LID(Learning In Depth) 교육, 프로젝트 기반 학습(PBL)을 강조해 왔다. 여기에 추가로 최근 강조되기 시작한 인공지능 교육은 연결성, 단계성, 연속성, 계층성, 적시성이라는 5가지 특징으로 도출된다. 최근 초·중등학교 교육에서는 '로봇', '센서', '변수'를 공통 핵심 개념으로 하는 인공지능 교과서를 개발, 보급하여 수업을 진행하고 있다. 중국은 이렇게 인공지능 기술 개발을 근간으로 미래 사회의 초강대국으로 다시금 우뚝 서겠다는 야심찬 목표를 세워 기술 개발과 인력 개발에 박차를 가하고 있다.

일본 정부는 '경제 회생'과 '교육 재생'을 최우선 과제로 하여 '제4차 산업혁명을 향한 인재 육성 종합 계획'을 추진 중이다. 아울러 기존 과학 기술 및 게임 산업에 대한 국가 경쟁력 강점을 바탕으로 교육 산업 혁신에 역량을 집중하고 있다.

닌텐도는 교육과 게임을 결합한 에듀테인먼트 상품 '라보'를 출시해 교육 산업에 본격적으로 진출했다. 2018년 1월, 공식 출시된 '닌텐도 라보'는 'Make, Play, Discover' 원리로 구성된다. 세부 원리를 알아보면, 우선 만들기를(Make) 한 뒤 직접 카드보드를 통해 게임기를 조립하며 게임을 즐기고(Play), 마지막으로 게임기가 직접 만든 카드보드 제품과 함께 어떻게 움직이는지 설명하는 기능을 스스로 발견하게(Discover) 한다. 이 과정으로 자연스럽게 코딩, 물리 컴퓨팅 지식을 쌓을 수 있게 한 것이다.

또한 일본은 2013년 6월 국무회의에서 2020년까지 수능시험(대학 입시센터 시험)을 폐지하고, 학습자가 자신의 정체성과 문화를 확실히 파악하고 자율적인 학습을 할 수 있도록 돕는 IB(International Baccalaureate, 국제바칼로레아) 과정의 보급 확대 계획을 밝혔다. 이를 계기로 과거 주입·암기식 교육 방식에 크게 의존했던 일본의 교육 산업이 전환점을 맞게 됐다. 이에 따라 수업은 철저히 발표, 에세이 쓰기, 질문과 답변 등 학생 주도적 학습에 기반해 진행되며, 교사는 수업 내용이 실생활과 어떤 방식으로 연관되는지 학생들이 이해할 수 있도록 한다. IB 과정의 도입은 일본뿐만 아니라 전 세계 국가들이 접어들고 있는 4차 산업혁명 시대에 적합한 인재를 양성하는 최적의 방법이라는 전문가들의 견해가 늘어가고 있다.

싱가포르는 국가 주도의 큰 정책 배경 아래에서 각종 교육 정책이

수립되어 왔다. 싱가포르는 이미 오래전부터 준비한 야심찬 계획하에 미래 국가 경쟁력 강화를 위한 교육 프로젝트를 구상하여 실천하고 있다. 역량 중심의 교육 패러다임과 혁신적 학교의 모델 개발을 목표 삼아, 미래 학교에서 사용될 성공적 테크놀로지 활용 아이디어 및 교수 학습의 실제를 여러 주변 학교들이 도입하여 실행할 수 있도록 시범 공모 모델 학교를 선정하여 운영하였다. 'FutureSchools@Singapore 프로젝트'는 이와 관련한 사업 중 하나로, 테크놀로지가 모든 과목과 학년에 걸쳐 활용되는 전체 학교 실행(Whole School Implementation)을 통하여 교육과정 운영에서 평가로 이어지는 전반적인 교수 학습의 혁신을 강조한다.

싱가포르의 미래 학교 프로젝트 특징은 다음과 같다.

첫째, 학교가 주체가 되는 다원화된 미래 역량 중심의 교육과정 도입이다. 둘째, 학습자들의 개별화된 역량 강화를 위한 다양화된 교육 콘텐츠와 플랫폼의 확보, 교육 현장의 변화를 주도하는 검증된 신기술을 보급할 수 있는 체제 마련이다. 셋째, 민간 자본이 교육에 투자할 수 있는 투명하고 협력적인 환경을 제공하는 것이다. 넷째, 지역 커뮤니티와 전문가 연계 등을 통한 인적 자원의 지원이다.

싱가포르는 장기적인 관점에서 보다 지속 가능한 사회의 선순환 기제로서 미래 학교의 변화를 준비하고 있다. 리센룽(Lee Hsien Loong) 싱가포르 총리는 교사를 교육의 심장에 비유한 바 있다. 교사가 어떻게 가르치느냐에 따라 국가의 미래가 결정된다는 것이다. 그는 지난해 세계교육포럼에서 '모두를 위한 양질의 교육(Quality Education for all)' 이라는 의제와 함께 창의성을 포함한 인성을 갖춘 세계 시민 양성을 강조하였다.

미래 학교 협력기구인 싱가포르 난양공대의 리싱콩(Lee Sing Kong) 교수는 현시대를 살아가는 학생들은 교사 없이도 무한한 정보의 홍수 속에서 마음껏 지식을 얻을 수 있기 때문에 이러한 시대에 교사의 역할은 지식 전달자가 아니라 촉진자로서, 학생들이 올바른 지식을 얻을 수 있도록 지원하고 학생들이 정보를 창의적으로 활용하면서 적절하지 않은 정보는 선별할 수 있는 능력을 가질 수 있도록 지도해야 한다고 말했다. 싱가포르는 국가적 차원에서 새로운 미래 교육 기술 플랫폼 지원과 동시에 새로운 교사상 정립을 기반으로 기존과는 차별화되는 교사 전문성을 촉구하며 강조하고 있다.

04 ——

서열화에서 배움과 성장 중심으로

"개개인의 다름은 이 세상의 발전 척도이다. 개성을 키우자. 저마다의 우월성을 마음껏 발휘하자. 자기의 천부적 소질을, 찬란한 재능을 꽃피우자."

– F.E. 셸링

"1등만 기억하는 더러운 세상"이라는 다소 자극적인 말이 있다. 2010년 즈음 한 남자 개그맨에 의해 퍼져나간 이 유행어는 듣고 나면 절로 고개가 끄덕여지는 공감 개그로 여겨지며 대중의 인기를 얻었다.

우리의 학창 시절을 떠올려보자. '전교 1등'을 차지한 친구는 선망과 부러움의 대상이자 '전교 1등 신화'의 주인공이 된다. 1등이 아닌 2등, 3등을 차지한 학생들은 왠지 모를 패배감과 아쉬움을 느끼게 된다. 결과를 받기 전까지만 해도 공부하며 스스로 마음을 가다듬고 최선을 다했던 자신이 기특하기도 했다. 그러나 2등이라는 결과를 받고 나서는 스스로 날카롭게 날이 선 혼잣말을 건넨다.

"노력이 부족했어. 다음엔 꼭 1등 할 거야."

우리 사회에 만연한 1등 지상주의는 무한 경쟁을 당연하게 여긴다. 모두 다 같이 각자 나름의 최선을 다하지만 사회의 주목과 인정, 대우와 보상은 오직 1등에게만 집중되는 현상을 우리는 익숙하게 목격한다. 세계 올림픽 국가대표 선수로 출전했다가 금메달 결정전에서 패해 은메달을 따고서는 국민을 언급하며 "죄송합니다"라고 사과한 한 운동선수의 에피소드가 있다. 조금의 과장을 보태어, 1등이 아닌 자에게 세상은 그저 가혹하고 냉정할 뿐이다.

　우리는 왜 이렇게 개인의 노력과 그에 따른 성공에 집착하게 되었을까? 경쟁 사회 속에서 성공을 일군 개인의 삶은 '전교 1등 신화'처럼 아름답게 미화되어 소개되곤 한다. 가난한 부모님 밑에서 태어나 여러 가지 어려움을 헤쳐나가며 자수성가에 성공한 부유한 기업인의 이야기 그리고 학비를 낼 수 없어 대학을 포기해야 했지만 아르바이트와 주경야독을 하며 명문대에 수석으로 입학한 학생의 이야기 등 우리는 이런 성공 신화를 참 많이도 접하며 성장했다.

　대중은 왜 개인의 성공 스토리에 감응하는 것일까? 출신 집안과 가문, 계급에 따라 신분이 세습되던 전근대적 질서에서 벗어나 개인의 노력과 재능으로 스스로 사회적 지위를 성취해 나가는 이상적 공정 사회가 펼쳐졌다고 믿었기 때문이다. 이와 같은 '능력주의 신화'는 1980년대 후반 신자유주의 열풍과 함께 학벌 지상주의, 각자도생의 경쟁, 직장 내 고용 차별 등의 근거로 활용되었다.

'신분'이 아닌 '능력'으로 삶의 수준이 달라질 수 있는 능력주의 사회는 개개인에게 스스로 삶을 위해 열심히 노력해야 한다는 희망과 명분을 주었다. 하지만 그 반대급부로 사회적 성취의 결과에 대한 모든 귀책 사유를 '개인의 노력에 따른 능력' 하나로 일반화하는 부작용을 낳기도 했다.

미국 하버드대학의 교수이자 정치철학자로서《공정하다는 착각》의 저자이기도 한 마이클 샌델(Michael J. Sandel)은 '능력주의'가 실질적 빈곤보다 심리적인 문제에 더 크게 작용함에 주목했다. 최근 미국 내 백인 저학력 남성의 평균 생존 수명이 짧아진 것이 알코올이나 약물에 의존하게 되는 여러 사정 때문인 걸로 분석한 그는 미국과 함께 한국도 불평등이 심한 사회라 평가하며 그 근거로 '자살률 세계 1위 지표'를 들었다. 승자에게 오만을, 패자에게 굴욕을 줄 수밖에 없는 '능력주의' 믿음. 승자는 자신의 승리가 '나의 능력에 따른 것, 나의 노력에 대한 당연한 보상'으로 여긴다. 그리고 자신보다 덜 성공한 사람들을 업신여기게 된다. 실패자는 스스로 '누구 탓을 할까? 다 내가 못난 탓인데'라며 괴로워한다.

그러나 우리 중 어느 누구도 이번 생에 자기 스스로 출신 지역, 신분, 외모, 성격, 선천적 재능 등을 선택해서 태어나지 않았다. 인간의 삶이란 마라톤 달리기 세트장처럼 우리 모두에게 똑같은 출발선과 환경 조건을 마련해 주지 않았다.

나에게 주어진 특별한 삶의 여건이 무엇이며, 그것을 소중히 여기면서 어떻게 가꿔나갈 수 있을지 고민해 본 적이 있는가? 능력주의에 대한 맹신은 세상이 우리에게 부여해 준 특별한 재능에 감사한 마음을 가지게 할 겸손의 기회를 앗아간다. 삶을 '성공'과 '실패'라는 이분법적 잣대로 결론짓게 할 뿐이다. 그 과정과 삶의 다양한 국면에서 마주치는 깨달음, 서로 다른 타인의 존재로 인해 내가 받게 되는 도움이 무엇인지 바라보게 하는 마음의 여유를 허락하지 않는다. 존재 그 자체로 존엄한 사람들은 특수한 목적에 활용되는 선발의 도구로서 숫자로 환원되어 그 다차원적 개성과 가능성의 빛을 잃어간다.

우리 사회는 경쟁 속 순위와 서열화 수치에 못지않게 '평균' 수치에 민감성을 보이곤 한다. '키', '몸무게', '가슴둘레' 등의 신체적 조건뿐 아니라, '평균 결혼 연령', '평균 사망 연령' 등 삶의 생애 주기마저 평균 수치의 보편적 기준에 맞춰나가야 할 것만 같은 강박적 불안감을 자아낸다. 평균에서 멀어지면 멀어질수록 우리는 내가 정상(normal)이 아닌 비정상(abnormal) 범주로 낙인찍힌 것 같은 불쾌감을 느낀다.

비틀즈의 멤버 존 레논(John Lennon)은 '이상하지 않은 것이 더 이상하다'며 모두가 각기 다른데 누구를 기준으로 정상, 비정상을 나누느냐고 말했다. 각자가 특별하기에 정상이냐 아니냐의 구분은 처음부터 잘못된 것일 수 있다는 것이다.

교육 신경과학 분야의 선도적 사상가이자 하버드대 교육대학원 교수로 재직 중인 토드 로즈(Todd Rose)는 《평균의 종말》(2018, 21세기북스)을 통해 '평균 지능', '평균 두뇌', '평균 발달' 등에 대한 믿음이 모두 과학적 허상이라 폭로한다. 저자는 본인의 삶 자체도 고등학생까지 성적 미달과 ADHD 장애로 학교를 중퇴한 문제아였다고 고백한다. 그랬던 그가 자신만의 '고유한 재능'을 발견하고 나서야 스스로 공부를 하기 시작했고 인생 역전을 맞이했다고 한다. 저자는 평균주의 극복에서 진짜 어려운 일이 '재능을 구별할 새로운 방법 찾기가 아니라, 알아보지 못하게 시야를 방해하는 일차원적 눈가리개를 제거하는 일'이라 강조했다. 표준화된 학교 시스템에서 개개인의 특성보다 점수화된 성적(평균 점수)을 기준으로 아이들을 평가하는 것은 아이들을 특별한 개성을 지닌 개개인이 아닌 그저 집단 안의 인간 군상으로 바라보게 만든다.

교육계에서도 이러한 수치와 통계 기반의 학교 교육 평가 시스템이 전인적 인간 교육에 적합하지 않은 맹점을 지니고 있음을 이해하고 학생 평가에 관한 다양한 변화를 꾀하고 있다. 공교육에서 과거의 일제고사 그리고 석차 백분율이 표기되던 성적표 배부 관습은 이와 같은 연유로 사라지는 추세이다. 이는 우리나라에만 국한된 변화가 아니며, 국제화 시대에 걸맞게 세계 교육의 방향과 경향성은 같은 맥락으로 흐른다.

대한민국 교사라면 '학생의 배움과 성장을 돕는 과정 중심 평가' 용어를 익숙하게 들었을 것이다. 과거에는 지식 전달형 수업 이후 이를 얼마나 습득하였는지 확인하고 서열화하여 학생 수준을 파악하는 것이 평가의 목표였다. 그러나 평가에 관한 패러다임이 이처럼 변화하여 교수 학습과 평가를 따로 분리하지 않는다. 교수 학습 과정에서 학생 개개인의 변화와 성장에 대한 자료를 다각도로 수집하여 적절한 피드백을 제공하는 평가가 바로 '과정 중심 평가'이다. 진정한 배움과 성장은 모든 학생의 개별성을 존중하는 것에서부터 출발한다는 점을 잊지 말자.

05 ——
지식 습득에서 4C 역량 강화로

"모든 사람은 창의적이다. 그러나 익숙한 것에 머물러 있는 동안은 혁신적 아이디어가 자라지 않는다. 항상 해오던 일을 하면 항상 얻던 것만 얻을 수 있다."

– 프란시스 베이컨(Francis Bacon)

학기 초 아이들과 함께하는 수업 시간이면 자주 마주치게 되는 장면이 있다.

"선생님! 이거 맞아요?"

"선생님, 이렇게 하는 거 맞아요?"

"선생님! 이것도 정답 맞아요?"

확신 없는 눈빛으로 한결같이 "응, 맞아. 잘했어."라는 대답을 기다리는 아이들을 바라보면, 어쩜 해를 거듭해도 변하는 게 없구나 싶어 웃음이 나곤 했다.

교실 안에서 만나는 아이들이 내게 대화를 걸어올 때, 학습의 결과가 아닌 과정을 구체적으로 설명하며 나의 의견을 물어온 경우는 거의 없다. 그저 결과를 적은 종이를 내밀며 단답형으로 물어올 뿐이다.

"이거, 맞아요?"

정답과 오답 사이를 헤매며 정답을 맞혀야 선생님께 '좋은 학생'으로 인정받는다고 믿게 된 순수한 꼬마 영혼들에게 나는 조용히 말을 건넨다.

"이 세상에 정답이 어디 있니, 얘들아. 그저 '이 세상에 대해 알고 싶은 게 많아요.'라고 말할 수 있는 순수한 호기심 가득한 본래 영혼의 모습으로 돌아와주기를 바란다."

아이들이 세상에 태어나 완전하게 우리 말 언어를 구사하기 전 상태를 떠올려보자. 사물과 대상, 이 세상의 모든 만물이 딱딱한 언어의 개념 틀 안에 가두어지기 이전이다. 온 세상 주변 사물은 온통 탐색의 대상, 장난감일 뿐이다. 누가 시키지 않아도 스스로 주변 대상을 만지고 누르고 맛보는 감각 실험 '놀이'로 자기만의 방식대로 세상을 알아간다. 놀이터 흙바닥에 있는 돌멩이와 나뭇가지만으로도 수십 가지 다양한 놀이를 창조해 내는 것이 바로 아이들이다. 나무 막대기 하나로도 여러 가지 상상 속 놀이로 활용할 수 있는 유연함, 유창성, 독창성을 지닌 아이들은 창의적인 생명체 그 자체이다.

그러던 아이들이 정규 교육기관의 틀 안으로 진입해 들어오면 가장 먼저 '자유'를 잃는다. 말하고 싶을 때 말할 수 있는 자유, 움직이고 싶을 때 움직일 수 있는 자유 말이다. 대집단 아이들이 한 공간 안에서 안전하게 생활하기 위하여 익혀야 하는 많은 규칙들은 아이들의 자발성을 억압한다. 자유롭게 날던 새가 새장 안으로 가둬진 것처럼, 그렇게 아이들은 자유를 잃고 자발적 창조성도 잊어간다.

정규 교육기관에서 아이들이 생활하는 모습을 잘 살펴보자. 정해진 학습 내용을 배우고 익히는 활동들 안에는 물론 놀이도 있고, 노래도 있고, 신체 활동도 있다. 하지만 이 모든 활동에는 선생님이 허락한 규칙의 범위 안에서 정해진 시간 안에 끝내야만 한다는 약속이 바탕에 깔려 있다. 아이들에게 '너는 무엇이 궁금하니?'라고 묻는 자 없다. 원하는 만큼 쉴 수 있는 여유도 없다. 빽빽하게 학습해야 하는 '내용'이 있고, 내용을 효과적으로 전달하기 위한 수단으로서의 '교수 학습 방법'이 있고, 그 결과를 확인하기 위한 '평가'가 있다. 그리고 정해진 기간, 정해진 학습 내용을 단위 시간(시수)별로 이수해야 한다는 교육과정 진도표가 있다.

학교 교육을 받으면서 아이들은 암묵적으로 '배움'이란 곧 습득해야 하는 '지식'과 같은 것이라 받아들이게 된다. '배움'을 스스로 '선택한 방법으로 대상을 탐색하여 관찰하는 것', '관찰을 통해 발견한 대상의 특징을 여러 가지 방법으로 표현하는 것'이라고 생각하는 대한민국 학생은 극소수이다. 고정된 시간과 규칙 내에 방대한 학습량을 일방적으로 소화해 내야 하는 아이들은 '배움'을 '지식 습득의 의무' 혹은 '지식' 그 자체로 여기게 된다.

암기식, 주입식 교육의 폐해는 그간 우리나라 교육계에도 널리 알려져왔다. 한국경제연구원은 2017년 '제4차 산업혁명이 요구하는 한국인의 역량과 교육 개혁' 보고서를 통해, OECD에서 시행하는 국제학업성취도평가(PISA)에 따르면 2015년 우리나라 학생들의 과학 성적이 OECD 35개 국가 중 5위로 상위권을 차지하였지만, 흥미도는 26위로 OECD 평균값을 한참 밑도는 수준이라고 밝혔다.

　　이주호 국제정책대학원 교수는 "학습에 대한 흥미와 즐거움, 성취동기와 인내력은 평생 학습자로서 자기 주도적 학습 역량과 밀접하게 연관돼 있다."며 "분석 결과는 우리나라 학생들이 자기 주도적 학습역량을 제대로 갖추지 못했다는 방증"이라고 말했다.[*]

　　2017년 OECD 발표에 따른 우리나라 학생들의 행복지수는 거의 꼴찌 수준으로 한국보다 낮은 국가는 터키 한 곳뿐이었다. 우리나라 학생들의 행복지수가 낮은 주원인은 과도한 학습 시간과 성적 스트레스였다. 살인적인 학습 시간 때문에 우리나라 학생들의 성적은 수학 1~4위, 읽기 3~8위 등으로 세계 최고 수준이지만, 학생 10명 중 7명은 시험과 성적에 대한 중압감과 스트레스를 겪는 것으로 나타났다.[**]

　　암기식, 주입식 교육이 그 자체로 나쁜 것은 절대 아니다. 학습 내

---

[*]　연합뉴스, "한국 학생들, 수학·과학 성적 높지만 흥미도는 낮아", https://www.yna.co.kr/view/AKR20170412091600003

[**]　교육희망, 청소년 행복지수 6.36점, OECD 국가 중 '최악', https://news.eduhope.net/19706

용의 특성에 따라 더 적합한 방법을 취하는 유연함은 당연히 바람직한 교육적 선택으로 고려되어야 마땅하다. 세계 여러 나라의 수도 이름, 조선왕조 왕위 계승의 연차별 순서 등은 당연히 암기식 교육이 가장 적합해 보인다. 하지만 매우 방대한 학습 내용을 기계처럼 주입하고 암기해서 평가받는 학습 방식은 지양해야 한다.

교과의 특성에 따라 다르겠지만, 수학이나 과학 교과의 경우에는 체계적 지식 그 자체보다 수학적 사고력, 과학적 사고력, 그리고 사고 과정을 표현할 줄 아는 의사소통 능력이 훨씬 더 중요하게 다뤄져야 한다. 하지만 과학과 수학 교과마저 이론과 공식을 무조건 암기하고, 기계식으로 반복해서 풀이하는 기능 숙달 방식의 수업이 여전히 만연한 현실이다.

거의 모든 학교 내 학습이 주입식, 암기식으로 이루어진다면 아이들은 질문하는 방법을 잊고 주어진 정답을 빠르게 암기하고 기억해 내기 위해 자신의 에너지를 모두 쏟아낼 것이다. 그러한 학습 과정에는 '호기심'도 없고, '자신만의 관점', '분석과 해석'도 없다. 그리고 나와 다른 방식으로 문제에 접근한 친구들과의 '소통'도 없다. 학습의 결과로서 모두 선생님이 제시하는 '정답'에 다다라야 한다는 강박적 불안을 느끼며, 정답이 아닌 오답을 적은 친구를 '나보다 덜 똑똑한 아이'로 바라보게 만든다. 생각의 힘을 키울 수가 없다.

암기식 학습만을 계속해서 반복할 경우 창의적 사고력은 발현되기 힘들다. 왜냐하면 정답이 고정된 채로 주어진 것이라 여기게 하며, 정답이 생성되는 프로세스(지식 형성의 과정) 변화 자체에 주의를 기울이지 못하기 때문이다. 창의성이란 새로운 생각이나 개념을 찾아내거나 기존에 있던 생각이나 개념들을 새롭게 조합해 내는 것과 연관된 정신적이고 사회적인 과정이다. 다시 말해 있는 그대로 고정된 개념과 정의를 수용하는 것이 아니라 기존의 것들을 다양한 방식으로 연결해 보는 정신적, 사회적 과정 그 자체에서 발현되는 사고력이다.

4차 산업혁명의 디지털 초연결 사회에서 지식과 정보 그 자체를 기억(암기)하는 것은 더 이상 큰 의미가 없어졌다. 정보 검색이야 누구나 마음먹었을 때 바로 시행해서 원하는 지식을 구할 수 있게 되었기 때문이다. 과거 2000년까지만 해도 전 세계 교육계는 학습을 위한 기초 기본 능력으로서 3R(Reading, wRiting, aRithmetic)을 강조했다. 하지만 최근에는 3R 못지않게 21세기 핵심 역량으로 4C를 강조하고 있다.

4C는 의사소통 능력(Communication), 협업 능력(Collaboration), 비판적 사고력(Critical thinking), 창의성(Creativity)이다. 4C 역량은 다양성과 변화를 통해 학생 스스로 적극적 학습 행위 과정에 깊이 있게 몰입하게 함으로써 느끼고 깨우치게 한다. 그리고 기존과는 다른 새로움을 추구하는 마음의 힘을 키워낸다. 3R보다는 좀 더 역동적이며, 유연하고 열린 체계의 사고를 요구한다.

3R도 학습자의 기본 학습력 토대가 되는 중요한 능력인 것은 변함 없다. 다만 3R 못지않게 4C가 강조되고 있는 미래 시대 교육의 방향 성을 이해하는 깨우침이 필요하다.

06 ——

티칭에서 코칭으로

"어린이 교육은 공부하고 싶은 마음과 흥미를 북돋아주는 것이 가장 중요하다. 그렇지 않으면 책을 등에 진 나귀를 기르는 꼴이 되어버린다."

– 몽테뉴(Michel Eyquem de Montaigne)

아름다운 외모에 전 국민적 관심이 지대한 대한민국 사람이라면 누구나 한번쯤 반복되는 다이어트 실패로 자신을 원망하며 헬스장 트레이너에게 PT를 받아볼까 망설였던 기억이 있을 것 같다. 우리가 PT를 받게 된다면 트레이너는 인바디 검사로 체지방률을 측정하고, 평소의 식생활 습관과 그동안의 다이어트 경험담, 원하는 목표 체중 등을 질문할 것이다. 그리고 종합적인 분석과 판단을 내려 구체적인 행동 목표를 함께 설정하고, 다이어트에 대한 강력한 동기 부여를 해주기 위해 최선의 노력을 다할 것이다. 트레이너는 우리의 체력 상태에 적합한 운동 방법을 알려주고, 운동 기구 사용법부터 정확한 동작까지 친절하게 시연해 줄 것이다.

우리의 몸을 건강하게 만들어주기 위해 곁에서 최선의 가르침을 주는 트레이너를 우리는 '선생님'이 아닌 '코치님'이라고 부르곤 한다. 여기서 티칭과 코칭의 차이는 무엇일까? 보통 우리는 '코칭'이라는 단어를 들었을 때 전문성을 지닌 스포츠 지도자를 연상하게 된다. 코치받는 사람의 잠재력을 최대한 활용해 그가 목표를 달성하도록 도와주는 것이 코칭이다.

코칭은 네 가지 속성을 지닌다. 첫째, 서로 지식과 경험을 공유하는 양방향의 파트너 지원이다. 둘째, 상호 합의를 바탕으로 한다. 셋째, 잘못을 지적해 가르치는 것이 아니라 본인도 모르는 강점을 찾아주는 것이다. 넷째, 상대방에게 동기를 부여해 주 업무 성과를 향상시켜 역량 개발을 증진시키는 것이다.

티칭은 코칭보다 좀 더 한 방향적이다. 티칭받는 사람의 수준과 동기, 잠재력을 모르더라도 정확한 지식을 명확하게 효과적으로 전달할 수 있다면 티칭할 자격을 갖춘 사람이다.

코로나19로 인한 비대면 원격 수업이 확대되면서, 선생님의 역할이 '티칭에서 코칭으로' 변화하기를 요구받고 있다. 일방적으로 지식을 전달하는 티칭은 온라인 학습용 강의 콘텐츠를 상영하는 것과 별반 다르지 않기 때문이다. 4차 산업혁명 시대를 살아갈 아이들에게 필요한 교육은 일방적 강의식 수업이 아니라 개인별 맞춤형 교육이고, 동시에 자기주도학습과 관리의 중요성도 점점 커져갔다. 학생 스스로 학습할 수 있도록 상호 작용과 동기 부여를 하며 개별 피드백을 제공하는 것이 선생님의 역할로 강조되고 있다. 원격 수업을 할 때에도 선생님이 티칭이 아닌 코칭을 해주며 존재해야 아이들은 '교사 실재감'을 생생하게 느낄 수 있다.

미국 버지니아대학교 교육공학과의 류태호 교수는 정보기술의 발달로 교사의 역할이 변화하게 될 것이라 예측했다. 2020년 경희대학교 교육대학원에서 진행된 특강에서 류 교수는 무크(MOOC)로 혼자 공부하고 명문대에 합격한 학생의 사례를 들며 학습 동기만 있으면 혼자서도 학습할 수 있는 시대라고 했다. 따라서 교사의 역할은 정보 전달의 티칭보다 학습 동기를 부여하고 관리하는 코칭으로 변화하게 될 것이라 주장했다.

그의 저서 《성적 없는 성적표》(2018, 경희대학교출판문화원)에서는 최근 미국을 중심으로 과목별 과목명과 점수를 수치화하여 표기하지 않는 '역량 중심 성적표' 도입에 관한 강력한 움직임이 이뤄지고 있음을 소개한다. 성적표에는 학생이 갖고 있는 역량의 수준을 알려준다. 분석적이고 창의적인 사고, 복합적 의사소통, 리더십과 팀워크, 디지털·양적 리터러시, 세계적 시각, 적응력·진취성·모험 정신, 진실성과 윤리적 의사 결정, 마음의 습관·사고방식 등 학생을 평가하는 역량은 8가지다.

역량 중심 성적표는 역량 중심 교육을 전제로 하여 학생들의 다양한 재능이 발휘될 수 있도록 역량을 키우는 데 집중한다. 결과 위주에서 과정 위주로 평가를 진행하면서 학생은 자연스럽게 학습의 주체가 된다. 따라서 교사의 역할은 티칭(teaching)에서 코칭(coaching)으로 변화하게 된다.

그동안의 물리적 환경적 교육 여건 속에서 자신이 할 수 있는 최선의 티칭을 다해 온 선생님들이 계신다. 한 교실 공간 안에 스물에서 서른 명 가까이 되는 아이들의 개별 특성과 잠재력을 파악하여, 각자 수준별 학습 관리와 피드백을 제공한다는 것은 인간에게 신이 되라고 요구하는 것처럼 들린다.

티칭에서 코칭으로의 변화는 학습자 개별의 기질적 특성과 학습 수준 진단이 모두 온라인으로 쉽게 이뤄지며, 관련 데이터가 체계적으로 연계되어 관리되는 시스템이 구축되었을 다가올 디지털 초연결 세상에서 가능해질 것이다. 가보지 않은 길을 걸어가야 한다는 중압감에서 벗어나 자연스럽게 세상의 흐름을 맛보자. 함께하는 동료들과 한 걸음씩 변화의 발걸음을 내딛는다면 새로운 변화가 두렵기보다는 신선하게 느껴질지도 모른다.

인공지능시대와 알파세대의 등장
미래 교육의 맥을 짚는 학교 현장 교사의 질문과 성찰

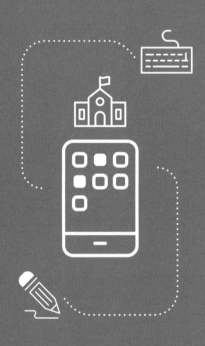

Part 5 - - - - - - -
교사 전문성을 위한
핵심 교육 이론

01 ──
역량 중심 교육과정으로의 변화

"우리가 할 수 있기 전에 배워야 하는 일들을 우리는 하면서 배운다."
– 아리스토텔레스(Aristoteles)

고대 그리스 철학자 아리스토텔레스가 남긴 위 명언은 '배움'이란 무엇인가에 대한 우리의 고민에 아주 간결하게 답을 주고 있다. 우리가 '배움'이라는 단어를 접할 때 떠올리는 이미지는 무엇인가? 보통 '학생', '학교' 혹은 '머릿속 생각 주머니', '책과 교과서' 등을 떠올리게 된다. '배움'이라는 단어와 동시에 일상의 삶 속에서 이뤄지는 구체적이고 역동적인 행위를 연결시켜 이미지화하는 사람을 발견하기란 쉽지 않다.

다음 두 문장을 읽고 떠오르는 생각이 무엇인가?

"요리를 글로 배웠어요."

"운전을 글로 배웠어요."

위 문장은 우리가 배움에 대해 가지고 있는 인식의 틀로 인해 생긴 어떤 부작용 현상을 보여주는 사례와 같다. 요리 잘하는 사람이 되기 위해 서점에 가서 다양하고 전문적인 레시피가 기록된 책을 산다. 그리고 요리에 필요한 재료와 도구, 절차와 방법을 머릿속에 넣는다. 완벽하게 그 과정을 머릿속에 넣었고 그것을 정확하게 말로 구현할 수 있다고 해서 그 사람이 실제 요리책에 나온 음식처럼 맛깔스럽게 음식을 조리할 수 있다고 장담할 수는 없다. 이론은 정확한데, 실제 삶에서 그것을 구현해 내지 못할 때 우리는 "~을 글로 배웠어요."라고 종종 말하곤 한다.

엄청난 학습량을 글로 소화하며 자라나는 우리 아이들을 바라보며, 언제나 이론과 실제 사이의 괴리감을 느끼곤 한다. '존중과 배려', '소통과 협력', '우정과 사랑' 등 전인교육을 위한 토대가 되는 주요 가치들도 우리는 글로 가르치고 글로 배운다. "존중이란 ~입니다."라고 말할 수는 있어도, 대다수의 아이들이 구체적인 삶의 맥락 안에서 내가 진정으로 존중받고 있는지 헤아리지 못하며, 남을 존중한다는 것은 어떤 행위로 표현될 수 있는지 스스로 고민하여 적용하지 못한다. 그저 수행평가지 종이에 자신이 적어둔 존중이라는 단어의 정의가 정답에 맞을지 틀릴지 불안해하는 두려움만 지니고 있는 건 아닌지 안쓰럽기 그지없다.

우리가 익숙하게 여기는 공교육의 기원은 근대 영국의 산업혁명이라는 시대적 배경에서 비롯되었다. 그런데 지금은 4차 산업혁명을 논하는 시절이다. 우리에게 익숙한 공교육 모델이 공장 기계의 자동화 기술을 중심으로 하여 도시로 노동자가 모여들던 산업혁명의 발발로 인한 것이라니, 놀랍지 않은가?

공장에서 찍어내는 대량 생산품 제조를 위해서는 많은 노동 인력이 필요했고, 여성도 예외가 아니었다. 많은 여성이 공장 노동자로 집을 나서게 하려고 국가는 학교를 세웠다. 국가가 아이들을 책임져야 여성 인력을 활용할 수 있었기 때문이다. 국가는 최대한 많은 아이들을 체계적으로 통제하고 관리하기를 원했다.

이처럼 현재 학교 공교육 모델이 근대식 사고관과 근대식 인간관을 반영한 교육 시스템을 뿌리로 삼고 있기에, 현재 우리에게 학교 교육은 딱딱하고 재미없고 획일적이라 느껴진다. 적어도 학교 밖 세상보다는 말이다. 국가의 제도권이 공교육에 미치는 강력한 영향력, 교사 중심의 권위적인 수업, 교육을 통해 한 사회의 지배적 규범과 문화를 후세대에게 전달하고자 하는 보수주의 교육관은 이와 같은 근대 시대로부터 시작되어 교과, 학문 중심의 교육과정으로 발전해 갔다. 엄격하고 체계적인 학문의 정통성을 위에서부터 아래로 정확하게 전달하고자 하는 것을 학교 교육의 목적으로 바라보던 시절이다.

그러나 이러한 근대식 교육관과 교육 모델이 학습자의 상황과 사회적 맥락을 고려하지 않은 죽은 지식을 주입시키는 것이라 비판하며 새로운 진보주의 교육 철학과 이론도 등장하게 된다. 미국의 진보주의 교육 운동을 이론적으로 주도한 존 듀이(John Dewey)는 종래의 교사 중심적이고 교과 중심적인 교육 이론을 학습자 중심으로 바꾸어놓은 '교육의 코페르니쿠스적 전환'을 이끌었다고 평가받는다.

삶을 위한 교육, 학습자 중심 교육의 근본 철학에 지대한 영향을 미친 교육 철학자 존 듀이의 진보적인 교육 이론 중 가장 기본이 되는 개념은 바로 '경험'이다. 듀이에게 교육은 '계속적 경험의 재구성'이라고 정의된다. 듀이에게 인간의 삶이란 자연과의 끊임없는 '상호 작용적 경험 혹은 행함' 그 자체이다. 행함은 아는 것 이상의 개념이다. '행함에 의한 학습(Learning by doing)'의 의미는 일차적으로 학습이 정신과 신체가 분리될 수 없는 학습자의 일상적 경험과 그 질적 직접성에 기초하여 이루어져야 함을 말해 준다.

우리나라의 공교육 학교 모델 역시 전 세계의 시대적 배경에 근거하여 그 영향을 주고받았다. 6·25 전쟁 이후 폐허가 된 국가를 일으켜 세우기 위해 최적의 인적 자원 개발을 목표로 효율성을 추구하며 근대식 학교 교육 시스템을 구축해 나갔다. 하지만 시간이 지나며 학교 교육이 붕어빵 기계에서 붕어빵을 찍어내듯 획일화된 아이들을 양산하고 있다고 비난받기 시작했다.

1990년대를 맞이하며 사람들은 인터넷으로 전 세계가 연결되고 변화와 혁신의 속도가 빨라지면서 창의적이고 개성 있는 개인의 역량이 세상의 진보를 이끌어나가는 힘이 된다고 믿게 되었다. 이런 영향 아래 학교 교육은 계속해서 변화를 요구받고 있으며, 조금씩 변화하고 있다.

역량(Competence) 중심 교육과정이란 교과, 학문 중심 교육과정에 반하는 개념이다. 역량(力量)이란 어떤 일을 해낼 수 있는 힘을 말한다. 방대한 지식을 머릿속에 암기하고 있는 지식형 인재는 스마트폰이 대중화되어 무엇이든 빠르고 쉽게 검색하여 활용할 수 있는 디지털 세상에 적합하지 않다. 미래는 삶의 맥락에서 스스로 문제를 발견하고 창의적인 대응을 해나갈 수 있는 창조적 인재를 원한다.

현재 국가 교육과정에 적용되고 있는 2015 개정 교육과정은 총론 수준에서 새 시대에 적합한 창의융합형 인재가 갖추어야 할 핵심 역량으로 여섯 가지를 제시하였다. '자기관리 역량', '지식정보처리 역량', '창의적 사고 역량', '심미적 감성 역량', '의사소통 역량', '공동체 역량'이 바로 그것이다. 그리고 교과별 각론 단위에는 총론의 역량과 연계하여 교과에 맞는 역량을 제시하고, 교과의 특성에 맞게 운영하도록 하였다. 교육의 목적이란 체계화된 지식 그 자체가 아니라 삶에 적용할 수 있는 '실천적 역량'이며, 이를 위해 지식은 다양하게 선택, 활용될 수 있음을 암묵적으로 드러낸다. 지식 그 자체가 중요한 교육적 가치를 지니던 시대는 지나갔다.

2022년 교육부에서 고시할 예정인 미래형 개정 교육과정의 비전은

"모두를 아우르는 포용 교육 구현과 미래 역량을 갖춘 자기 주도적 혁신 인재 양성"에 있다. 교육과정의 과제로 미래 교육의 기본 방향 및 인재상을 새롭게 정립하여 기초 소양과 미래 역량을 함양하는 교육과정으로 개선하고 교육의 공공성과 책무성을 확보하고자 한다. 이를 위해 2015 개정 교육과정에서 도입되었던 역량 함양 교육과정을 체계적으로 개선하고 생태전환교육, 인공지능과 디지털 소양, 민주시민교육 등 기초 소양 교육을 강조하는 방향으로 설계되고 있다.

역량의 개념, 역량 교육의 구체적인 실천 방법, 역량의 평가 가능성 등 역량 개념이 교육에 적용되면서 여러 가지 관련 논의가 파생되고 있다. 개념적으로 완성된 합의점을 찾지 못했으나, 역량 중심 교육과정이 왜 중요하게 여겨지고 있는 것인지 그 시대적 배경과 사회문화적 맥락을 함께 읽는 혜안을 갖춘다면 미래 교육에 적합한 교육적 실천 가능성 영역에 한 걸음 더 가깝게 다가선 것과 다름없다. 역량 중심 교육과정으로의 변화 흐름은 스스로 삶의 문제를 발견하고 더 나은 자기, 더 나은 우리, 더 나은 세계를 창조해 나갈 용기와 실천력을 갖춘 미래형 인재 양성을 궁극적 목적으로 한다.

02 ——
교사 자율 교육과정과
교육과정 디자인

"교사의 임무는 독창적인 표현과 지식의 희열을 불러일으켜주는 일이다."
- 아인슈타인(Albert Einstein)

　교육학 분야에 관심이 있는 사람이라면 누구나 한번쯤 "교육의 질은 교사의 질을 넘을 수 없다."라는 문장을 접해 보았을 것이다. 아무리 훌륭한 교육 이론, 교과 도서, 교육 환경이 제공된다고 할지라도 아이들과 지속적인 만남을 통해 관계를 형성하며 교육 활동을 주도하는 교사가 그 영향력을 제대로 행사하지 못한다면 긍정적 교육 효과를 기대하기 어렵다.

　우리가 어린 시절에 받았던 교육 장면을 떠올려보자. 교과 지식이나 내용 그 자체보다는 교육 환경 속에서 관계 맺고 있던 친구들이나 선생님과 함께 나눈 대화나 웃음을 자아내는 특별한 에피소드가 먼저 연상되지 않는가? 혹은 나를 변화시킨 어떤 특별한 계기나 사건도 머릿속에 떠오를 수 있겠다.

프랑스의 사상가 장 자크 루소(Jean Jacques Rousseau)는 교육의 목적이 "기계를 만드는 것이 아니라 인간을 만드는 데 있다."고 하였다. 교육은 지식과 정보를 지니고 필요에 따라 효율적, 도구적으로 활용될 수 있는 대상이 아니라, 스스로 문제를 정의하고 데이터가 없이도 상상력을 발휘할 줄 알며 사람들과 감정을 교류하며 사랑을 베풀 수 있는 인격적 존재자를 길러냄에 있다는 뜻이다.

기계가 아닌 인간을 만드는 교육은 자고로 사람과 사람 사이의 인격적 만남을 통한 상호 관계 형성 없이는 불가능한 것이다. 따라서 아이들이 친구들, 선생님과 어떠한 관계를 맺고 어떻게 서로 소통하며 감정을 나누는가의 문제는 교육에 있어 절대적으로 중요한 문제가 된다. 앞서 말한 "교육의 질은 교사의 질을 넘을 수 없다."라는 문장에 담긴 '교사의 질'이란 교육 이론과 학습 내용에의 통달 수준만이 아니라 아이들의 수준과 개별 특성을 파악하고 학생의 마음을 움직일 수 있는 긍정적 영향력을 행사할 수 있는 소통 능력도 포함하는 것이다.

우리는 요즈음 코로나 사태를 맞이하여 앞서 말한 '교사의 질'이 교육에 미치는 영향력에 대해 다시 없을 소중한 깨우침을 몸소 느끼고 있다. 인간과 인간의 물리적 만남이 최소한으로 막혀버린 상황에서 역시 학교는 별 필요가 없는 곳이라고 결론짓는 '학교 무용론'에 한 표를 행사하고 싶은 사람이 있을지도 모르겠다. 하지만 의외로 많은 사람들이 거꾸로 과거를 추억하며 학교 공간 안에서 선생님 그리고 친구들과 함께하는 인격적 만남이 그 자체로 얼마나 교육적 의미를 지니는지 깨우치고 있다. 학생들은 선생님, 친구들과의 지속적인 인격적 만남을 통해 깨우침을 반복하며 여러 가지를 느끼고 배운다. 코로나19 사태로 예전에는 미처 소중히 여길 줄 몰랐던 이러한 인격적 만남을 통한 자연스러운 깨달음과 배움이 잘 만들어진 EBS 온라인 수업과는 또 다른 의미로 꼭 필요한 교육의 과정임을 느낄 수 있다.

교육에서 교사 개개인의 역할과 책임이 이렇게 막강하다는 것을 많은 사람들이 인지하고 있지만 실상 학교 현장에 근무하는 선생님들의 입장은 어떨까?

국가에서 정한 시수 안에서 의무로 이수시켜야 하는 교육 내용을 전달해야 한다는 심리적 부담과 압박 앞에 자신의 존재 자체가 미치는 교육적 영향력을 고민할 겨를이 없다. 중앙집권적 국가 교육과정의 법적 구속력을 인지하는 교사들은 공적 업무 수행자로서 자신이 지니는 책임과 의무에 더 많은 에너지를 쏟게 된다. 가르쳐야 할 내용이 너무 많고, 제출해야 할 서류가 너무 많으며, 참석해야 할 회의가 너무 많아서 아이들과 내가 맺고 있는 관계성의 본질을 놓치는 경우가 대다수다.

이러한 문제점을 인지하고, 교육의 본질을 회복하고 학생들의 행복을 되찾기 위해 10여 년 전부터 학교 문화의 변화를 추구하는 다양한 실천과 연구가 이루어져왔다. 교육부를 중심으로 한 위로부터의 개혁이 아닌 교사들을 중심으로 실천적 개혁의 역동성을 바탕으로 시작된 혁신학교 운동도 이와 같은 맥락에서 이뤄진 공교육 시스템 변화의 일부이다.

위로부터의 감시와 통제가 주를 이루는 교육 환경에서 벗어나 학교 구성원의 주체적 의사 결정에 따른 교육의 본질 추구에 관한 다양한 사례들은 교육계 전반에 걸쳐 커다란 영향력을 미쳤다. 이는 교육 자치 강화, 학교 자율화를 위한 법적, 제도적 뒷받침 확대로 이어졌으며, 2021년 교육부는 학교 자치의 실효성과 교육 분권을 확대하기 위해 근거 법령의 개정과 자치 역량 강화를 수반한 과제를 속도감 있게 추진하기로 하였다.[*] 또한 2022년 개정 고시될 것으로 예고된 새 교육과정 개혁 방향^{**}으로 "학교 자율과정, 현장 교사의 의사결정 기회 강화, 교사 자율성 강화" 등이 포함되어 강조되었다.

'교사 교육과정'은 위로부터 주어진 교육과정에서 아래로부터 만들어가는 교육과정을 강조하는 시대적 흐름 속에서, 교사 스스로가 전문성을 바탕으로 자신만의 교육 철학을 반영해 '교육과정 개발자'로서

---

*   교육부, 교육자치 강화 및 학교 자율화를 위한 유·초·중등 교육 권한 시도교육청에 배분 박차, https://blog.naver.com/moeblog/222317527785

**   교육부 보도자료(2021. 4. 20) 참조

바로 서는 과정에서 만들어진다. 국가 교육과정과 지역 수준의 교육과정을 읽고 해석하는 교육과정 문해력을 기반으로, 자신이 속한 지역 공동체 학교 주체의 특수성을 반영하여 교육과정-수업-평가가 서로 일체화되도록 교수 학습 과정 전체를 넓은 시야로 설계하는 교사 역량이 강조되고 있다.

인공지능을 기반으로 한 디지털 초연결 사회를 맞이하게 될 미래 사회에서 사람들은 원하는 지식과 정보를 매우 빠르고 손쉽게 검색하여 알아낼 수 있게 되었다. 그렇기에 교사의 역할이 '유능한 지식 전달자'로서의 범위에 한정될 경우, 디지털 온라인 수업 강의나 인공지능 기반의 다채로운 교육 프로그램과 비교하여 그 존립 자체를 위협당할 수 있다. 공교육 교사의 전문성이란 국가 교육과정을 학교와 학급 내 특수한 현장성을 반영하여 학생들이 자기 주도적 교육 경험을 구성해 나갈 수 있도록 학습 경험을 설계해 나가는 교사 교육과정 개발과 실천력 여부에 달려 있다 해도 과언이 아닐 것이다. 그렇다면 교사가 자신만의 교육과정을 디자인하는 과정에서 고려해야 하는 사항은 구체적으로 무엇일까?

첫째, 교사 중심에서 학생 중심으로 시각을 전환해야 한다. 교사가 무엇을 어떻게 가르칠지 혼자 결정하며 교사의 강의와 설명식 수업이 주가 되기보다는 수업 과정에서 모든 학생들이 학습의 과정에 적극적으로 참여해야 하며, 학생들의 흥미와 적성을 고려한 수업 내용 선정이 확대되어야 한다.

둘째, 교과서 중심이 아닌 다양한 활동 중심의 탐구 수업이 확대되어야 한다. 교과서 중심의 수업은 학생들에게 정해진 답을 일방적으로 암기하고 수용하는 학습 태도를 형성하게 만든다. 따라서 지식의 구성 과정 자체를 체득하고, 그 과정에서 다양한 의견을 발견하고 토의하며, 공동의 문제에 의사 결정을 해나갈 수 있는 실천적 지식을 형성하는 학습 경험을 디자인하도록 해야 한다.

셋째, 시간 단위의 학습 참여 이수 여부로 학습 결과를 평가하기보다 학습 과정에서의 수행과제 참여 양상에 관한 과정 중심 성장 지향 평가를 실시해야 한다. 그리고 학습 과정에서 보이는 적극적 태도와 가치관 변화 등 정의적 영역에 관한 종합적 분석이 함께 이뤄져야 할 것이다. 단편적인 지식 습득 여부를 확인하는 평가에 그치기보다 학습의 전 과정에서 일어나는 학생의 전인적 성장을 평가하기 위해서는 정서적 부분에 관한 지속적 관찰과 적극적 피드백이 제공되어야 한다.

교사와 학생이 인격적으로 관계 맺고 학습 과정에서 지속적으로 상호 작용을 하는 대화 속에서 학생의 고등사고력 그리고 실제적 삶의 역량이 강화될 수 있다.

03 ——
교수평 일체화의 재발견

"교육의 핵심은 사람의 마음을 훈련하는 데 있다."

– 쇼펜하우어(Arthur Schopenhauer)

시대가 변하고 학교에 오가는 아이들의 정서나 세대 문화가 조금씩 변해 가고 있지만, 학교생활을 하는 학생 입장에서 예나 지금이나 변함없이 좋아하고 싫어하는 시간이 있다. 좋아하는 시간은 '쉬는 시간'과 '급식 시간' 그리고 싫어하는 시간은 바로 '시험(평가) 시간'이다. 아이들은 물론이거니와 대다수의 어른들도 자신이 대상화되어 평가받는다는 것에 즐겁고 편안한 감정을 가질 수 있는 사람은 드물 것이다.

인간은 누구나 그 존재 자체로 존중과 사랑받기를 원한다. 상황과 조건에 무관하게 무조건적인 존중과 사랑을 갈구한다. 그것이 모든 인간 존재가 지닌 마음의 보편성이 아닐까 싶다. 그러한 사람들의 심리적 특성과 무관하게 우리는 성장 과정에서 사회화를 경험하며, 자신을 둘러싼 주변인들에게 많은 평가를 받게 된다. 그리고 스스로에 관해 주변인들이 무심코 던진 평가의 말들은 매우 예리하고 민감하게 우리의 뇌리에 각인되곤 한다. 우리가 만약 삶을 살아가며 주변인들에게 존중과 사랑이라는 감정에 기반한 다양한 긍정적 평가를 받아왔다면 평가받는 상황 자체를 지속적으로 반기고 좋아할 수밖에 없을 것이다. 그러나 많은 이들이 평가를 통해 경험한 감정들은 '수치화된 좋은 점수를 받아야 한다'는 심리적 중압감, 점수로 서열화된 결과를 통해 친구들과 비교하여 느끼게 되는 열등감과 경쟁심, 만족스러운 결과를 받지 못했을 때 선생님과 부모님 앞에서 감당해야만 하는 수치심 등이다.

'평가'의 사전적 의미는 어떤 대상의 가치를 판단하는 것이다. 학교 교육의 평가를 통해 우리는 자신의 가치를 단편적 수치로 환산시켜 서열화하거나, '매우 잘함, 잘함, 보통, 노력 요함' 혹은 '상, 중, 하'로 낙인찍히는 경험을 하게 된다.

학교 교육의 궁극적 목적이 전인적 인격 형성에 있음을 부정할 수 없을 것이다. 그렇다면 학교 교육의 평가 목적 자체도 전인적 인격 형성이라는 교육의 궁극적 목적을 달성하기 위한 방향으로 이뤄져야 마땅하지 않을까?

학생의 학업 성취도 결과 수준을 평가하기 위한 목적으로 학습 결과를 수치화하여 환산하거나 수준별 등급을 나누어 명시하고자 하는 목적으로 이뤄져온 기존의 평가 방식은 개선해야 할 많은 문제점을 안고 있다. 그만큼 평가에 관한 패러다임 자체를 기존과 다르게 변화시켜야 한다는 담론이 확대되어가고 있다.

2015 개정 교육과정에서는 결과 중심이 아닌 과정 중심의 평가 수행을 강조한다. 과정 중심 평가는 학생이 아는 과정을 평가의 대상으로 포함하는 동시에 평가 결과 활용 범위를 확장하고 평가를 학습의 도구로 사용한다. 위와 같은 내용은 구체적인 국가 교육과정 문서상으로도 명시되어 있는데, 2015 개정 교육과정 총론*의 '교육과정 구성의 중점' 중 '라. 학습의 과정을 중시하는 평가를 강화하여 학생이 자신의 학습을 성찰하도록 하고, 평가 결과를 활용하여 교수·학습의 질을 개선한다.'라는 문장에서 잘 드러난다.

평가 결과의 활용 범위 확장은 평가 결과를 점수로 산출하는 것에서 끝나는 게 아니라, '교수·학습의 질'을 개선하는 목적으로 사용하도록 하는 것이다. 그리고 평가는 학습 도구로서 '학생이 자신의 학습을 성찰하도록' 하는 것과 연관된다. 과정 중심 평가는 학생이 배운 것을 평가하는 학습 결과에 대한 평가를 넘어서서 평가의 결과 자체로 '교수·학습 질 개선' 또는 '교수·학습 방법 개선'을 목적으로 활용하는 '학습을 위한 평가', '학습으로서의 평가'로 평가 패러다임을 확장

---

* 교육부 고시 제2015-80호(2015.12.01)

한 것이다.

　과정 중심 평가는 수업과 분리되어 분절적으로 이뤄지는 게 아니라, 수업 과정 안의 학생 참여 과업 수행 안에 자연스럽게 녹아들도록 설계해야 한다. 또한 평가는 수업 목표에 따른 학생의 성취기준과 직접적 연계성을 갖춰야 하기에 2015 개정 교육과정에서는 성취기준을 제시한 교육과정, 수업, 평가의 일체화를 강조한다. 교육과정의 성취기준을 중심으로 하여 학습 과정 중 어떠한 평가가 이루어질지 먼저 고민하고, 그에 적합한 수업 활동을 계획하는 것이다. 교육과정-수업-평가 일체화의 줄임말로 이를 '교수평 일체화'라 명명하기도 하며, 이는 교육적 실천을 위한 교사의 적극적인 교육과정 재구성 의지를 독려하고 있다.

　교사가 재구성한 교육과정, 학생 중심의 철학과 가치를 반영한 배움 중심 수업, 학생의 전인적 성장을 돕는 과정 중심의 평가가 유기적으로 연계된 교수 학습 맥락 설계 역량은 다가오는 미래 사회에 교사가 갖춰야 할 교사 전문성 중 가장 핵심이 되는 부분이다.

　전인적 성장을 돕기 위한 목적으로 이뤄지는 과정 중심 평가를 받는 학생의 입장이 되었다고 상상해 보자. 자신의 학습 과정에 관심과 애정을 바탕으로 선생님에게 도움을 받는 기분을 느끼게 되지 않을까? 또한 성장 지향의 과정 중심 평가는 '잘함, 못함', '상, 중, 하' 등

위계에 따른 분별이 아닌, 학습 맥락에 연계된 구체성을 지닌 피드백 (feedback) 형태로 지원될 것이다. 이러한 평가는 그 자체로 학생과 교사의 인격적 관계 내 소통과 상호 작용을 더욱 활발하게 만들어주며 그 행위 자체로 교육적이다.

04 ——
학급 문화를 바꾸는
회복적 생활교육

"관계에 기반하지 않은 규율은 저항을 부른다."

– 조시 맥도웰(Josh McDowell)

누구에게나 지나온 자기 삶을 되돌아볼 때, 지우개가 있다면 '쓱싹 쓱싹' 지워버리고 싶은 인생의 흑역사가 존재하기 마련이다. 만약 이 땅에서 교사로서의 삶을 살아내고 있는 사람들에게 "교직 생애에서 당신의 흑역사는 무엇입니까?"라고 질문을 던진다면, 그에 대한 대답은 십중팔구 교과 지도에 관한 문제가 아니라 사람 사이의 '관계적 갈등'에 관한 것일 가능성이 높다.

나 역시 그러했다. 교직에 입문한 첫해, 지금 떠올리면 안타까울 만큼 생활지도에 관한 지식과 경험 없이 초등학교 6학년 담임 교사가 되었다. 그 당시만 해도 어느 정도 학교 체벌이 사회적으로 용인되는 시기였고, 사춘기 아이들에게는 옆 반의 경력 많고 카리스마 넘치는 남자 선생님과 현저히 비교되는 새파랗게 젊은 신규 여자 선생님이 담임 교사로 부임해 온 꼴이었다. 한창 삐뚤어지고 싶은 사춘기 심리를 가진 아이들과 일 년 동안 끊임없이 기 싸움을 하며 퇴근 후 남몰래 쓰러져 눈물을 쏟아냈던 시절이었다. 아이들과 함께 정한 학급 규칙은 허울 좋은 무용지물이었고, 아이들의 거친 말과 행동을 통제해 보려고 노력했으나 모든 게 뜻대로 되지 않아 교사로서의 무력감만 더해 갔다.

교사들 사이에 유명한 온라인 커뮤니티에 접속하여 밤새 생활지도의 유용한 팁을 검색하고 적용해 보기도 했지만 큰 변화가 없었다. 여전히 아이들은 나에게 '통제해야만 하는 대상', 언제 사건 사고를 일으킬지 모르는 '예측 불가능한 철들지 않은 생명체'이기도 했다. 때로는 아이들에게 카리스마 있고 단호하며 엄격하게 느껴질 수 없음에 서글퍼지기까지 했다. 아이들과 즐겁고 재미있는 수업을 하며, 교사로서 긍지와 자부심을 느끼며 살아갈 것이라 기대하며 교단에 섰던 첫해에 느꼈던 두려움과 막막함은 아직도 떠올리면 부끄럽고 지워버리고 싶은 기억과 감정으로 마음 한편에 생생히 자리 잡고 있다.

2010년 즈음 이후로, 학교 현장에는 많은 변화가 일어났다. 그해 10월 전국 최초로 경기도 학생인권조례가 제정되며 체벌 금지, 복장·두발 검사 금지가 공포되었다. 체벌이 금지되는 대신 학교 안에서는 학습 및 생활지도 대체 수단으로 상벌점제가 활성화되었다. 학생이 잘못된 행동을 했을 경우 체벌 대신 벌점을 부여하며, 벌점이 누적되면 상담과 순화 교육 등의 조치를 취하고 칭찬받을 행동을 한 학생에게는 상점을 부여하는 제도이다.

하지만 상벌점제로 인하여 벌을 받은 학생은 자신의 행동을 반성하기보다 벌을 받은 것에 대한 악감정을 느끼게 되고, 친구들 사이에서도 서로의 행동에 점수를 매기고 고발하는 등 비교육적인 상황이 연출되었다. 그 결과 경기도 교육청은 지난 2014년에 상벌점제를 폐지하였고, 다른 시도교육청도 뒤이어 같은 행보를 이어갔다.

그 이후 교사들은 그간 유용하게 활용해 오던 생활지도의 두 축, '사랑의 매'와 '상벌점 스티커 제도'를 포기한 채 많은 고민과 갈등의 시간을 견뎠다. 학생 인권을 보호하기 위해 교권을 포기해야 하는 상황인가 싶을 만큼 괴로워하는 교사들이 많아졌다. '회복적 생활교육'은 이러한 학교 내 생활지도에 관한 갈등과 혼란의 시절에 생활교육에 관한 새로운 변혁을 꿈꾸며 연구, 확산되기 시작한 생활교육 철학이다. 이는 공동체의 관계성 치유를 목적으로 사법계에서 먼저 시작된 '회복적 정의(Restorative Justice)' 사회운동을 시초로 한다.

사회 문제와 갈등을 정의롭게 해결하고자 하는 접근 방법으로 두 가지를 비교해 볼 수 있다. 첫째는 잘못한 사람(가해자)에 대한 '처벌'을 강화하여 사회 정의를 구현하고자 하는 '응보적 정의' 실현이다. 학교 안 생활교육 방법으로서의 '상벌점제'가 이와 같은 성격을 띠는데,

시간이 흐를수록 관계 맺는 공동체 구성원 사이에 신뢰가 무너지며 불안이 높아질 가능성이 크다. 둘째는 가해자와 피해자 모두 상처를 딛고 일어설 수 있도록 공동체 차원의 방안을 마련해 주는 '회복적 정의' 실현이다.

응보적 정의와 회복적 정의 비교[*]

응보적 정의	비교	회복적 정의
• 누가 가해자인가? • 어떤 잘못을 저질렀는가? • 어떻게 처벌할 것인가?	질문	• 누가 피해자인가? • 어떤 피해가 발생했는가? • 피해를 회복하기 위해 무엇이 필요한가?
• 가해자 처벌이 목표 • 강제적 책임 수행 • 처벌 기관의 권한 강화	초점	• 피해자 회복이 목표 • 자발적 책임 강조 • 당사자와 공동체의 역할 강화

회복적 생활교육의 시초 철학인 회복적 정의 운동의 아버지로 알려진 하워드 제어(Howard Zehr) 박사는 분쟁과 갈등 해결을 위한 진정한 정의는 응보와 처벌이 아닌 용서와 사랑에 기초한 '회복'에 있다고 말한다. 그는 회복적 정의가 사법에서의 대안적 제도가 아니라 '삶의

---

[*] 《회복적 정의, 세상을 치유하다》(이재영, 2020, 피스빌딩) 참조

새로운 패러다임'이라며 집단 구성원 간의 갈등을 해결하기 위한 기술적 문제에 집중하기보다 공동체 구성원의 사고 방식과 문화 전반이 변화되어야 한다고 강조하고 있다.

학급 내 아이들과의 관계에서도 삶을 위한 회복적 정의 실현이 학급 문화로 정착된다면, 교실 안에서 함께 생활하는 아이들 간에 '존중'과 '배려'의 덕목이 자연스럽게 싹트게 될 것이다. 교사는 홀로 외롭게 고군분투하며, 다인수 학급의 모든 학생이 갈등 없이 학교생활을 하도록 이끌어나가야 한다는 심리적 부담감에서 벗어날 수 있다. 학급 내 갈등이 일어났을 때, 갈등의 원인이 되는 문제아와 문제행동을 뿌리 뽑아내야 한다는 압박감 없이도 자연스럽게 갈등을 해소시킬 수 있다. 이를 위한 구체적인 대안을 정리해 보자.

첫째, '우리 모두는 완벽하지 않다'는 걸 강조하자. 서로 다른 가정 환경에서, 서로 다른 경험을 하며 자라왔으며 서로 다른 성격을 타고 났기에 의견이 다를 수 있다는 건 매우 당연하다. 따라서 서로 다른 우리가 함께 생활하며 갈등이 생겨난다는 것은 매우 자연스러운 일이다. 갈등이 나쁜 건 아니다. 갈등을 함께 해결해 나가며 우리는 더 많이 깨닫고 현명해질 수 있다고 아이들을 설득시켜야 한다. 다양한 온책읽기를 통해 책 속의 주인공들이 삶의 여러 갈등을 마주하고 대처해 나가며 한층 성숙해지는 사례를 들어주면 좋다.

둘째, 잘잘못의 시비를 가리는 것보다 더 중요한 것은 '왜' 그러한 갈등이 발생했는지 '이해해 보려는 마음'이다. 친구의 입장에서 서로 다른 욕구가 있고, 욕구 자체가 나쁜 것은 아니며 그러한 욕구를 표현하는 방식에서 말과 행동의 서툰 모습이 비춰질 수 있음을 인정하도록 해야 한다. 갈등 자체를 이해해 가는 과정에서 우리는 서로의 다름을 자연스럽게 바라보고 인정할 수 있게 된다.

교육계에서는 교사 중심의 '생활지도'가 아닌 학급 아이들이 함께 만들어가는 '생활교육'이 당연한 것으로 인식의 변화가 일어나고 있다. 회복적 생활교육의 실천은 아이들이 타인과 소통하는 방법, 공동의 문제에 함께 대처하는 능력, 갈등을 회피하기보다 적극적으로 이해하고 해결해 나가려는 진취적인 태도 등을 길러낼 수 있는 바람직한 교육 경험 그 자체로서 의미를 지닌다.

05 ——
교사 실재감이 더해진
블렌디드 러닝

"문제를 발생시켰을 때와 똑같은 의식 수준으로는 어떤 문제도 해결할 수 없다."
– 아인슈타인(Albert Einstein)

새 학년 새 학기를 맞이하기 위해 학교 안 선생님들이 가장 긴장하고 분주한 시기는 보통 새해 겨울 2월이다. 2020년 2월 역시나 많은 선생님들은 새 출발을 준비하느라 바쁜 일상을 보냈다. 새해 동학년 선생님들과 교육과정을 살피고, 교실 정리를 하고, 교과서 정리를 하고 새로 맡은 업무 동태를 살폈다. 그리고 새롭게 아이들을 맞이해야 할 3월에 학교는 멈췄다. 믿기 힘든 코로나19 팬데믹으로 아이들이 학교에 올 수 없다고 했다. 그 이후 새해 우리 반 아이들과 새 학기 새 출발을 하기 위해 허락된 만남의 방법은 딱 하나, 온라인 원격 수업이었다.

"아이들은 학습할 권리가 있다."

"학교는 무엇을 하는가?"

코로나19 사태로 아이들의 정상적 등교가 불가능해지고 잠시 갑작스러운 사태에 혼돈을 겪고 있던 학교를 향해 쉬지 않고 맹렬한 비난이 쏟아졌다. 무엇이든 해야만 했다.

2020년 3월 중순 무렵, 대한민국 학교는 매우 신속하게 각 가정의 원격 수업 가능 여부 조사에 착수하여, 원격 수업 환경 조성을 돕고(교육청과 학교 단위로 개인 가정에 디지털 기기 대여) 원격 수업을 시작하게 된다. 선생님들은 너무나 당혹스러웠다. 교육대학교 정규 교직 이수 과정을 거쳐 학교 안 교직 경력을 지나오며 많은 지식과 정보를 쌓아왔으나 그 안에 '원격 수업 내용과 방법'은 교육공학 교과의 매우 일부분을 차지했을 뿐이다. 교과서 중심의 지식 전달형 교수 방법을 탈피하고 창의적 학생 중심 학생 주도 수업을 구현하기 위해 익혀온 여러 교수 학습 방법들(협동학습, 프로젝트 수업, 교육 놀이 등)은 모두 헛것이 되는 기분이 들었다. 수업용 동영상을 제작하여 올릴 만한 적합한 교육용 온라인 플랫폼이 없어 유튜브에 수업을 올려야만 하는 선생님들은 갑자기 강제 유튜버가 된 것마냥 당혹스러웠다.

가만히 있을 수는 없으니까 울며 겨자 먹기로 줌 온라인 화상 수업 플랫폼 사용 방법을 익혀야만 했다. 실시간 쌍방향 온라인 수업이라도 해야만 학급 아이들과 그나마 생생한 현실감을 느끼며 관계 형성을 할 수 있었기 때문이다. 많은 것들이 너무나 서툴러서 선생님도 아이들도 학부모들도 서로 무안하고 민망하기만 했던 2020년이 그렇게 지나갔다.

2021년, 코로나19 팬데믹은 여전히 현재 진행형이다. 그러나 학교 선생님들이 제자리걸음만 할 수는 없었다. 학교 교실 안 수업과 달리 선생님의 수업이 각 가정 컴퓨터로 생중계되고 있었다. 학교 안 선생님들이 이토록 모두 다 함께 긴장된 분위기를 경험해 본 적은 없었을 터이다. 동학년 협의회는 그 어느 때보다도 사뭇 진지하고 열성적이었다.

달라져야만 하는 2021년이었다. 철저한 방역 수칙을 지켜야 했기 때문에 매일 정상적 등교는 못 하더라도 아이들이 학교에 나오기 시작했다. 온라인 수업과 오프라인 수업을 동시 병행할 수 있게 되었다. 자연스럽게 선생님들은 교육과정 수업안을 손에 들고 신중한 고민을 하게 된다. "이 수업은 등교 수업과 원격 수업 중 어느 때 하는 것이 더 효과적인 걸까?" 하고 말이다.

온-오프라인이 조화를 이루는 미래 교육의 새로운 패러다임으로 주목받고 있는 '블렌디드 러닝(Blended Learning)'은 이렇게 코로나19 사태로 공교육 생태계에 갑작스럽고도 완벽하게 자리 잡았다. 온라인 비대면 수업과 등교 대면 수업은 학교 안과 밖을 자연스럽게 연결지어 잘 혼합하여 하나의 조화로운 수업으로 구성하는 교육이다. 여기서 하나로 조화를 이룸은 하나의 공통된 성취기준, 하나의 수업 주제로 긴밀하게 연결되어 있음을 뜻한다.

이번 코로나 사태로 많은 선생님은 '학교는 결코 사라지지 않을 것이다.'라고 느꼈다고 말한다. 왜일까? 아이들도 부모도 모두 다 등교를 간절히 원했기 때문이다. 코로나19로 거의 학교에 등교하지 못했던 2020년을 기억하면, 아이들은 친구와의 만남과 놀이가 너무나 그리웠고 엄마들은 자녀의 사회성 발달을 가장 염려했다고 한다.

코로나 블루는 어른들만의 것이 아니었다. 많은 아이들이 집 안에 가둬져 고독감에 한없이 우울해했다. 그렇기에 신종 감염증 사태의 상황이 허락하는 한, 가능한 범위 내에서 우리는 얼굴을 직접 마주하고 생생한 목소리로 이야기 나누며, 함께 밥 먹고 놀이하고 싶다.

반면 코로나19 외에도 앞으로 우리에게 펼쳐질 미래 사회에 또 다른 신종 감염증 발생이 충분히 가능한 일이라 하니, 언제나 현실 세계의 상황과 방역 수칙 단계에 따라 디지털 온라인 화상 수업 시스템도 원활히 구축해 나가야 한다. 우리가 맞이하는 4차 산업혁명의 미래 사회가 디지털 가상으로 초연결된 세상이라 하는데, 블렌디드 러닝의 수업 실현을 통해 사람들이 원하는 건 온라인이건 오프라인이건 온-오프라인이 연결된 세계이건 최대한 다른 사람들과 친밀하고 유의미한 관계 맺기를 희망한다는 것이다.

2020년 초 원격 수업이 시작될 때, 아이들과 학부모가 간절히 원했던 것은 다름 아닌 '교사 실재감'이었다. 수업 영상 링크와 학습지 그리고 관련 평가지만으로는 부족했다. 영상의 콘텐츠 내용이 아무리 훌륭한들, 학습지와 평가지가 얼마나 체계적인들 상관이 없었다. 학생들이 수업을 통해 가장 많이 원한 것은 사람과 사람의 상호 작용을 통한 배움과 연결이었다. 내 눈이 나를 바라보지 못하듯 나 혼자만으로는 내 존재를 느끼기 힘들다. 나는 내 주변의 타인과 관계 맺으며 그들을 통해 나 자신을 느낀다.

인공지능 음성 언어로 제작된 자료 활용 수업과 담임 선생님의 생생한 목소리로 진행되는 수업 두 가지 중 선택이 가능하다고 한다면, 거의 대다수 아이들이 담임 선생님의 목소리를 선택할 것이다. 왜냐하면 인공지능은 그 어떤 특별한 존재가 아니기 때문이다.

아이들은 학기 초 낯선 선생님을 만났을 때 선생님이 가르쳐주는 교육 내용 그 자체보다는 선생님의 캐릭터에 더 호기심과 흥미를 느끼곤 한다. 아이가 설령 수업을 잘 가르치는 선생님을 좋아한다고 해보자. 그래도 실상은 지식 그 자체보다 선생님이 아이들에게 풍기는 당당함과 유능감, 커뮤니케이션 능력 등에 매력을 느낀다. 선생님이 자신에게 미치는 그 어떤 긍정적인 영향력에 끌리기 때문에 좋은 것이지 지식 전달력 자체 때문은 아닐 것이다. 수업은 잘 가르쳐도 나머지 인격적 조건이 소위 말하는 '비호감'이라면 아이들은 그 선생님을 좋아할 수 없다.

사실 그동안 많은 훌륭한 원격 교육용 영상들이 제작되었고 기술력만으로는 얼마든지 학교 교육 없이 지식 전달과 습득이 가능해졌다. 그럼에도 불구하고 우리가 학교 교육을 지속할 수 있었던 힘은 다름 아닌 사람과 사람 간의 관계 형성이 인간성 형성에 미치는 지대한 영향력 때문이다. 단순히 지식만을 위한 교육이라면 얼마든지 교사 실재감 없이도 효율적으로 이뤄질 수 있다. 하지만 인간의 전인적 성장을 고려한 진정한 배움과 학습을 추구하는 교육이라면 교사 실재감은 매우 중요하게 여겨질 것이다.

블렌디드 러닝을 통한 온-오프라인 연계 학습이 학생의 삶과 전인적 성장을 위한 과정이라면, 그 무엇보다도 생생한 서로 간의 인격적 연결이 원활해지도록 학습 환경과 맥락을 구성해야 한다. 그렇지 않다면 우리는 원격 비대면 수업에 완전히 흥미를 잃게 될 것이다. 대면 교실 수업이라도 아이들이 학교생활과 학습에 흥미를 느끼지 못한다면 그 이유는 선생님 그리고 친구들과 긍정적 관계를 맺지 못하고 같은 공간 안에서도 홀로 외로운 고독감을 느껴서라고 추측해 볼 수 있다. 만약 온라인 원격 수업이 지루하지 않다면 디지털 세상에서 아이들과 선생님이 적극적인 상호 작용을 하며 나를 표현하고 서로에게 공감했기 때문이다. 온전한 학습이란 배움을 함께하는 구성원 사이에 긍정적인 관계 형성을 밑바탕으로 해야 활발해지는 법이다.

소수의 사람들과 서로 몸을 움직이며 상호 작용하고, 도움을 주고받으며 깊이 있는 관계 형성을 했던 과거 시대는 지나갔다. 디지털 고독감을 느끼는 사람들이 많아졌다고 한다. 시간과 공간을 초월한 타인과의 접촉이 가능해진 디지털 세상이 열렸지만, 원하면 언제든 접속을 끊어 차단할 수 있고 상대의 기쁨과 슬픔을 온전히 느낄 기회는 줄어들었다. 그렇기에 디지털 세상의 디지털 고독은 당연한 숙명과도 같게 느껴지곤 한다.

하지만 온라인 학습이 가진 강점도 분명하고 대단하다. 시공간을 초월한 세계와 연결되어 대집단 아이들도 실시간 상호 작용을 적극적으로 할 수 있다는 확장된 세계를 맛볼 수 있지 않은가? 디지털 세계 안에서도 서로 위로하고 공감하며 깊이 있는 관계를 맺을 수 있는 다양한 가능성이 있다.

블렌디드 러닝은 교육 대상, 교육 내용에 따라 매우 다양하게 활용이 가능하다. 그 가능성은 무궁무진하다. 블렌디드 러닝의 여러 사례를 살펴보고 그 안의 관계 맺기 본질도 고민하며, 더 많은 가능성을 탐색해 봐야 할 때다.

06 ──

초연결 시대의
지속가능발전교육과 세계시민교육

"21세기의 인간상은 '호모 심비우스(Homo symbious)' 즉 '공생인(共生人)'이어야 한다. 여기서 공생이란, 서로 다른 두 생물이 특별한 해(害)를 주고받지 않는 상태에서 접촉하면서 같이 살아가는 생활 양식을 말한다."

– 최재천

　유럽을 중심으로 한 청소년 환경운동이 전 세계적으로 확산되고 있다. 청소년 환경운동가로 전 세계의 이목을 집중받고 있는 스웨덴의 2003년생 소녀 그레타 툰베리(Greta Thunberg)는 청소년 환경운동가로서 상징적 인물이다. 그녀는 2019년 '대안 노벨상'으로 불리는 '바른생활상' 수상자 가운데 한 명으로 선정됐으며, 2021년 또다시 유력한 노벨평화상 후보자 순위에 올랐다. 범지구적 기후 위기에 대한 그레타의 일관된 신념과 행동 덕이다. 툰베리는 "내가 어떤 상을 받을 때 그 수상자는 내가 아니다. 나는 우리가 사는 세상을 지키기 위해 행동하기로 결정한 어린 학생과 젊은이, 모든 연령의 성인들이 참여하는 전 세계적 움직임의 일부일 뿐."이라고 했다.

2019년 당시 16살이던 툰베리는 1년간 학업을 중단하고 탄소배출이 되지 않는 보트를 타고 전 세계를 돌며 환경운동에 대한 관심과 구체적 실천을 촉구하는 연설 활동을 펼쳤다. 2020년 1월, 툰베리는 스위스에서 열린 다보스포럼(WEF, World Economic Forum)에서 미국 트럼프 대통령을 비롯한 세계 경제 리더들과 조우하여 기후 변화와 환경 문제에 관한 열띤 설전을 펼치기도 했다.

툰베리가 보여준 환경운동가로서의 적극성과 진취적 행동력의 구체적인 내용은 전 세계에 각종 언론과 SNS를 통하여 빠른 속도로 퍼져나갔다. 그 결과 현재는 전 세계 160여 나라 수백만 청소년들이 '미래를 위한 금요일'이라는 구호 아래 그레타와 연대한다. 우리는 이러한 현상을 '그레타 효과'라고 부른다. 경제적 성장과 번영을 꿈꾸는, 소위 말해 지금보다 더 편리하게 잘 먹고 잘 살기 위한 이윤 추구를 목적으로 하는 것이 아닌, 지금보다 조금 더 불편한 삶을 감수하더라도 우리 모두가 함께 실천하고 행동하며 지구 생태계 환경을 보전하고 회복시켜야 한다는 강력한 메시지가 10대의 어린 소녀로부터 비롯되어 전 세계로 급속히 퍼져나가고 있는 것이다. 이는 시공을 초월한 디지털 초연결 사회가 구현되었기 때문에 가능해진 일이다.

2020년 1월 중국을 시작으로 급속히 전 세계 각국으로 퍼져나간 코로나19 바이러스의 전파 속도는 전 세계 사람들이 얼마나 국제적으로 연결되어 있는지를 확인시켜준 일례가 되었다. 물론 바이러스 감염 확산을 막기 위해 세계 각국의 '코로나 봉쇄'가 줄줄이 이어졌지만, 디지털 온택트 방식으로 전 세계는 여전히 활발하게 소통하고 협력하며 글로벌 차원의 범지구적 사회적 이슈와 문제 해결을 위해 연대한다. 바이러스 퇴치를 위한 백신과 치료제 개발 문제부터, 코로나19로 인해 비롯된 금융 경제 위기 및 혐오와 인종 갈등 문제에 관한 국제적 논의가 현재 진행형으로 계속되고 있다.

지구적 차원으로 전 세계 국가들이 글로벌 연대의 필요성을 강력하게 공감한 것은 1940년대 제2차 세계대전의 종식을 맞이하면서부터였다. 세계대전으로 지구 곳곳의 여러 나라가 전쟁으로 황폐화된 국가를 재건하느라 총력을 기울여야만 했던 시기이다. 지구의 안전과 평화를 위해 전 세계가 연대하지 않는다면 핵무기 미사일 발사로 지구상의 인류가 흔적도 남기지 않고 모두 사라져버릴 수 있다는 공포감을 동시에 느꼈기 때문이다. 우리가 익숙히 들어 알고 있는 유엔(UN, United Nations)은 국제 평화와 안전을 보장하고, 국제 협력 증진, 인권 개선 등의 활동을 통해 세계의 번영을 추구하는 국제기구이다. 이 국제기구의 명칭은 제2차 세계대전 이후부터 연합국으로 참전한 국가들의 동맹을 뜻하는 말로 쓰이기 시작했다고 한다.

유네스코(UNESCO)는 1945년 창설된 유엔의 전문 기구로서, 유엔 헌장에서 선언된 기본적 자유와 인권, 보편적 정의 구현을 위하여 전 세계 국가 간의 교육, 과학, 그리고 문화 교류로 국제 사회의 평화와 안전에 기여하기 위한 목적으로 창설되었다. 코로나19 사태로 전 세계 어린이들의 학습권 보장이 큰 사회적 이슈가 되었을 당시, 유네스코는 회원국 정부 수반들을 비롯한 70여 개국 장관 및 교육 관계자들과 함께 온라인 '글로벌 교육 회의(Global Education Meeting)'를 개최하고 전 세계 어린이들의 학습권 보장을 위한 국제 협력 지원과 연대를 지속해 나갈 것을 약속했다.

현재 학교 교육 현장에 다양한 '범교과 학습 주제' 중 하나로 인식되고 있는 '세계시민교육(GCE, Global Citizenship Education)'과 '지속가능발전교육(ESD, Education for Sustainable Development)'은 위에 설명한 유네스코 국제기구를 중심으로 활발히 전개된 글로벌 교육이다. 세계시민교육은 '지구라는 공간에서 상호 의존적으로 살아가는 세계 시민들이 하나의 공동체임을 인식하고 상호 존중을 통해 세계 시민으로서 책임감 있는 역할을 가능하게 하는 교육'이다. 또한 '지속가능발전교육'은 개인, 가정, 학교, 지역 사회, 국가, 국제 사회에 이르기까지 모든 범주의 사회적 영역에서 지속 가능성과 관련된 쟁점을 이해하고 진단하며 해소하기 위한 교육을 지칭한다.

2015년 제70차 유엔 총회에서 2030년까지 달성하기로 결의한 의제인 지속가능발전목표(SDGs, Sustainable Development Goals)는 지속가능발전의 이념을 실현하기 위한 인류 공동의 17개 목표를 설정하였다. '2030 지속가능발전 의제'라고도 하는 지속가능발전목표는 '단 한 사람도 소외되지 않는 것'이라는 슬로건과 함께 인간, 지구, 번영, 평화, 파트너십이라는 5개 영역에서 인류가 나아가야 할 방향성을 17개 목표와 169개 세부 목표로 제시하고 있다.

환경 보전과 경제 개발을 둘러싼 사회적 가치 갈등은 자본주의 사회경제 시스템이 국제적으로 보편화되면서부터 꾸준히 주요 사회적 이슈로 떠오른 문제다. 지구촌 60% 인구가 여전히 극심한 가난과 질병에 시달리고 있기에 경제 개발을 멈출 수는 없지만, 현재 지구가 처한 환경 문제도 머지않은 시기에 인류의 생존 자체를 위협할 만큼 심각한 수준에 놓여 있다.

극심한 기후 변화 그리고 대한민국 면적의 15배에 달하는 플라스틱 섬, 여섯 번째 대멸종에 대한 우려 등은 전 세계 환경 전문가와 과학자들 사이에서 이미 수차례 경고된 외면할 수 없는 지구촌 문제이다. 지속가능발전목표는 이런 글로벌 이슈를 해결하고자 하는 지구적 차원의 공동 협약이며 실천 의제이다.

사람들의 생각과 가치관, 행동 변화를 이끌 수 있는 가장 좋은 방법은 다름 아닌 '교육'이다. 국내의 저명한 생태학자 최재천 교수는 앞으로의 미래 사회를 살아가기 위한 신인류 삶의 방식으로서 자연과 공존하는 '생태백신' 그리고 사회적 거리 두기를 생활화하는 '행동백신'

이 중요하다고 말한다.[*] 코로나 바이러스를 퇴치하기 위한 화학 백신을 개발하는 것보다 어쩌면 더 중요한 것이 인간의 자연 생태계를 대하는 태도와 가치관 그리고 사회적 합의 아래 요구된 행동 지침을 실천하는 행동력이라고 말하는 듯하다.

지구의 자정 능력을 잃어버리게 할 만큼의 과도한 경제 개발을 감행해 온 인류에게 이제는 자연 생태계가 기후 변화에 따른 생태계 교란 등 여러 경고장을 보내오고 있다. 이러한 문제는 한 국가 단위로 해결할 수 없는 문제로 글로벌 차원의 세계시민의식을 기반으로 한 참여와 책임의식, 공동의 논의와 적극적인 실천이 뒷받침되어야 한다. '세계시민교육'과 '지속가능발전교육'은 이러한 의미에서 앞으로도 우리 미래 교육에서 아주 중요한 역할을 하게 될 영역임이 분명하다. 미래 교육을 꿈꾸는 선생님들이라면 위의 교육에 폭넓은 관심을 가져보았으면 한다.

---

[*] 대한민국 행정안전부 블로그, 생태학자 최재천 교수가 말하는 코로나19 바이러스, https://m.blog.
naver.com/mopaspr/222031685470

07 ───

창의적 융합 인재로 키우는
시각적 사고와 디자인 사고

"디자인의 심장은 타인과의 공감이다. 다른 사람들이 보고 느끼고 경험하는 것에 대한 이해가 없이는 어떠한 디자인도 의미 없는 작업에 불과하다."

– 팀 브라운(Tim Brown)*

교육은 시대의 흐름에 따라 변해 가는 문화와 주요 가치에 반응하며, 시대상에 적합한 인재 양성을 목표로 한다. 우리는 내가 처한 시대적 특성에 따라 주변 사람들이 당연하다 여기는 보편적 핵심 가치와 관습적 인식 체계 구조를 수용하며 산다. '패러다임'**이라는 용어는 이렇게 한 시대의 보편적 사고 체계 혹은 얼개를 지칭하는 것이다.

우리 모두는 각기 서로 다른 기질과 개성을 지닌 개별적 인격체이다. 하지만 동시에 우리가 태어나 살아가는 시기의 역사적 맥락하에

---

* 미국의 디자인 이노베이션 기업 IDEO의 CEO.

** 《과학 혁명의 구조》(토머스 쿤, 1962, 도서출판까치)에서 최초로 사용되기 시작한 용어

그 시대 사람들이 함께 믿고 있는 공통의 가치 체계와 신념으로부터 완전히 자유롭기 어렵다. 나의 생각이 나의 생각이 아니라 시대의 생각인 것이고, 나의 믿음이 나의 믿음이 아니라 시대의 믿음이기도 한 것이다.

13세기부터 17세기까지의 인류가 굳게 믿어온 천동설(태양이 지구 주위를 돌며 지구가 우주의 중심이라는 설) 이론이 현재 우리가 믿고 있는 지동설(지구가 자전하며 태양 주위를 돈다는 설)로 대체된 사실을 상기시켜보자. 1633년 지동설을 주장한다는 이유로 종교재판을 받고 나오던 갈릴레오 갈릴레이(Galileo Galilei)가 "그래도 지구는 돈다."라고 주장했을 그 시절 내가 살아가고 있었더라면, 나 역시 새로운 지동설 이론이 낯설고 어렵게 느껴져 단번에 그의 과학적 주장을 수용하지 못했을 것이다. 그러나 오랜 시간이 흘러 우리는 지동설이 당연한 것이라 믿는다. 이 믿음은 동시에 우주의 중심이 지구가 아니라는 사실을 당연하게 받아들이게 한다. 이러한 맥락과 유사한 현상을 우리는 '패러다임의 변화(Paradigm Shift)'라는 용어로 간결하게 설명할 수 있다.

앞선 1장에서 살펴본 미래학자들의 공통된 예견은 전 세계가 디지털로 시공을 초월한 초연결 상태를 구현하게 되며, 여러 분야의 기술 융합으로 인류 삶의 다양한 측면에서 급진적 사회 변화가 야기된다는 것이다. 그 변화가 사람들의 인식 체계로 감당하기 힘들 만큼 빠르고 급진적으로 일어날 것이며 인류가 그로 인한 여러 가지 충격을 감당해야 한다고들 말한다.

세기 최고의 미래학자 앨빈 토플러(Alvin Toffler)는 1997년 저서 《미래의 충격》(1997, 범우사)에서 미래 사회의 변화와 충격에 대한 해결책은 변화를 거부하게 하는 것이 아니라 변화의 형태를 변화시키는 데 있으며, 교육의 목표란 계속적 변화에 빠르게 적응할 수 있는 개인의 대응 능력 증대에 있어야 한다고 말했다.

21세기를 맞이하기 이전부터 인류는 이미 디지털 혁명으로 찾아올 강력한 패러다임 시프트를 예견해 왔다. 그러한 이유로 전 세계 교육계는 그에 반응하며 새로움과 기존의 인식 체계를 전복시켜 새로운 긍정적 변화를 추구하는 '창의성' 교육을 강조하게 되었다. 앞으로의 시대는 기존의 관념과 관습을 정통적으로 고수하는 사람보다 새로움을 추구하며 더 나은 변화를 창조하여 새 시대를 이끌어가는 인재를 필요로 한다는 주장에 반론을 펼칠 사람은 없을 것이다. 우리는 신 중심의 교권주의적 교육이 펼쳐지던 중세 시대를 살아가는 것이 아니라, 개개인이 쉽게 디지털 도구를 활용한 크고 작은 창작을 펼치며 아이디어를 즉각적 이미지로 구현하는 디지털 혁명기, 21세기를 살아가고 있으니 말이다.

이러한 시대적 요구에 부응하여 우리나라 국가교육과정에서도 제3차 교육과정(1973-1981) 총론의 추구하는 인간상에서 창의적인 한국인을 육성해야 한다는 교육 목표를 내세워왔다. 2009 개정 교육과정에서는 창의성 교육이 총론 수준의 추상적 목표로 인식되는 데 그치지 않고 각론의 교육과정에 반영될 수 있도록 '창의·인성 교육'으로 창의성과 인성 각각의 하위 요소를 연구하고 구체화하여 제시하는 노력을 했다.

2015 개정 교육과정에서도 이런 노력을 지속해 총론과 각론의 연계성을 높이고 창의융합 인재 양성 실현을 위한 실천적 교육 방법 제시에 중점을 두었다.* 창의융합형 인재라는 용어는 2015 개정 교육과정에서 "인문학적 상상력과 과학 기술 창조력을 갖추고 바른 인성을 겸비하여 새로운 지식을 창조하고 다양한 지식을 융합하여 새로운 가치를 창출할 수 있는 사람"으로 정의되었다. 이 정의에는 인문학적 상상력과 융합, 바른 인성의 가치들이 동시에 포함되어 있다.

사물을 다양한 관점에서 바라보는 것 그리고 인간, 사물, 자연에 대해 심미적이고 감성적으로 공감할 줄 아는 능력 등과 같은 인문학적 가치는 실상 기존 학교 교육과정에서 상대적으로 중요한 자리를 차지하지 못해 왔다. 대다수의 많은 사람들은 학교 교육의 목적이 분석적, 논리적 사고를 통한 합리적, 이성적 문제 해결 능력을 지닌 인간 양성에 있다고 믿어왔으며, 논리적 사고를 위해서는 인간의 사사로운 감정

---

* 국가교육과정개정연구위원회(2014), 2015 문·이과통합형 교육과정 총론 주요사항 공청회 자료집 참조

과 심미적 감성이 불필요한 방해 요인으로 작동할 수 있다고 믿었다.

하지만 인공지능으로 대체될 수 없는 인간 고유의 능력이 더욱 가치 있게 여겨질 미래 사회의 특성과 디지털 가상세계 안에서 자연스럽게 텍스트(글자)보다 이미지를 매개로 한 의사소통이 훨씬 더 익숙해진 알파세대 아이들을 떠올려보자. 기존 기성세대가 받아온 언어 논리, 수리 논리의 교육적 가치가 지나치게 강조되어 감정과 이미지, 감성을 교육적으로 다루어볼 기회를 앗아갔던 과거 교육과는 다른 색다른 변화들이 다양하게 시도되고 있음은 어쩌면 너무나 당연하고 자연스러운 현상이다.

우리는 지난 2장에서 뇌과학, 인지과학으로 설명하는 인공지능과는 구분되는 인간만의 본성이 무엇인지 탐색해 보았다. 모든 생명체는 외부 세계의 정보를 수용하기 위한 감각기관을 지니고 있으며 그것을 매개로 정보 처리와 판단을 한 후 자신에게 유리한 나름의 고유 방식대로 외부 세계에 반응하며 살아간다. 인간은 80% 이상의 감각 정보 처리를 시각에 의존하는 생명체다. 따라서 자연스럽게도 몸의 감각과 연결된 사고 능력(외부 자극을 지각하여 기억, 상상, 개념, 판단, 추리하는 등의 다양한 인지 처리 과정)은 시각 이미지 정보 처리와 밀접하게 관련되어 있다.

하버드대 예술심리학 교수를 역임한 루돌프 아른하임(Rudolf Arnheim)의 《시각적 사고(Visual Thinking)》(2004, 이화여자대학교출판부)는 인간의 시지각(Visual perception)*이 추리력을 비롯한 인간의 고등사고력과 어떻게 밀접하게 연결되는지 게슈탈트 심리학을 배경으로 논리적으로 설명하였다.

시각 이미지는 추상화, 개념화된 언어 이미지보다 구체적이고 친근하며 직관적이다. 따라서 텍스트 문자 언어보다 더 쉽게 대상에 대한 이해를 돕는다. 학습자 중심의 창의적 교수 학습 방법이 강조되며, 창의융합형 인재 양성을 교육의 주 목표로 삼는 시대이기에 미술 교과뿐 아니라 다양한 교과 교육 교수 학습 방법에서 유행처럼 '비주얼 씽킹'이라는 용어가 번져나갔다. 칠판 가득 문자와 표로 이루어진 판서 내용만 공책에 따라서 적어내려가던 과거 학창 시절을 떠올려볼 때 다양한 그림, 시각 이미지와 각각의 관계를 직관적으로 파악할 수 있도록 고안된 '비주얼 씽킹' 학습 방식은 재미있고 화려한 이미지에 친숙한 영상 세대 아이들을 위해 과잉 친절을 베푸는 학습 방식으로 치부될 것이 아니다. 그것의 가치는 자연스러운 인간의 정보 처리 인지 체계를 좀 더 고려한 것이기에 더욱 의미 있는 것이라 말할 수 있다. 이미지는 생각(사고)의 시각화 자체이자 소통을 위한 수단으로 쉽게 활용될 수 있기 때문이다.

---

* 우리의 눈을 통해 주어진 자극이나 정보를 수집하고 조절하고 판단, 해석하여 적절한 수행을 이끌어내도록 돕는 것을 의미한다.

긍정적 미래 변화를 주도할 창의적 융합 인재 양성에 적합한 고등 사고 능력으로 주목할 만한 또 다른 하나는 바로 디자인 사고이다. 1978년 노벨 경제학상을 수상한 허버트 사이먼(Herbert Alexander Simon)은 1969년 발표한《The Sciences of the Artificial》에서 '디자인'이란 '현존하는 특정 조건을 바라는 방향으로 변환하는 것'이라 정의한 바 있다. 즉 디자인 사고란 '더 나은 미래'와 연관되어 있다. 애플의 스티브 잡스는 디자인 사고를 통해 성공적으로 업무를 수행한 최고 경영자로 손꼽힌다.

디자인 사고, 디자인 씽킹이란 용어가 직접적으로 처음 소개된 것은 1987년 피터 로우(Peter Rowe)가《Design Thinking》이라는 책에서 대규모 프로젝트를 수행하는 건축가의 사례를 분석하고 소개하면서부터였다. 그리고 로우 이후 세상에 디자인 씽킹이라는 용어를 더욱 대중화시켜 세상에 널리 퍼지게 한 데에는 미국의 유명 디자인 회사 아이디오(IDEO)의 영향이 컸다.

2000년대 들어 기업들은 디자인 씽킹 방법론을 체계화시켰다. 디자인 씽킹이 인간의 직관력과 패턴 인식, 정서적·기능적으로 작용하는 아이디어 구성에 관여하고, 단어나 그 이외의 매체로 자신을 표현하는 능력을 끌어낸다고 보았다.《교육자를 위한 디자인사고 툴킷》(Riverdale Country School & IDEO, 2014, 에딧더월드)에서는 디자인 씽킹을 새로운 솔루션을 도출하기 위한 체계적인 문제해결 과정(일종의 마인드셋)으로 정의한다. 궁극적으로 디자인 씽킹은 '문제에 분석적으로 접근하고, 직관과 감성의 정서를 바탕으로 하여 혁신적이고 융합적인 문제 해결을 추구하는 인간 중심의 사고 과정'이라 정의 내릴 수 있다.

디자인 사고는 전체 상황과 맥락에 대한 이해를 바탕으로 문제를 발견하고 해결 가능성을 적극적으로 실험해 보는 통합적 사고를 수행하는 전체 과정이다. 4차 산업혁명의 핵심인 인공지능 기술이 정보의 패턴을 스스로 발견하고 학습하는 수준까지 발전하였다 하더라도, 사회 문화의 변화 속 맥락이라는 변수를 읽고 그 반응을 이끌어낼 수는 없다는 맹점을 지닌다. 따라서 디자인 사고는 교육의 영역에서까지 혁신적 인간 중심의 사고로서 그 가치가 더욱더 높게 평가되리라 예상된다.

08 ——
급변하는 시대에 대처하는
회복탄력성

"고난은 잠자던 용기와 지혜를 깨운다. 사실, 고난은 우리에게 없던 용기와 지혜를 창조해 내기도 한다. 우리는 오직 고난을 통해 정신적으로나 영적으로 성숙할 수 있다."

– 모건 스캇 펙(Morgan Scott Peck)

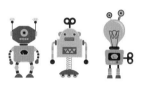

"엄마, 아빠. 그런 소리 마세요."

"'라떼는 말이야'라는 말 안 들어봤어요?"

"어디 가서 꼰대 소리 듣고 싶어요?"

당돌한 눈빛과 말투로 부모님에게 시대의 분위기에 적합하게 살아가라고 훈수 놓는 아이들, 낯설지가 않다. 요즘 시대 부모와 어느 정도 수평적, 민주적 관계를 형성하고 있는 아이들이라면 대수롭지 않게 부모님에게 던질 수 있는 말들이다.

Z세대(90년대 중반부터 2000년대 초반에 태어난 세대)와 알파세대는 그 어느 세대보다 유행과 트렌드에 민감하다. 재미있고 그럴듯한 새로운 유행어와 스토리가 스마트폰을 통해 개인에서 개인으로 순식간에 퍼

져나가는 시공을 초월한 디지털 세계에 살아가고 있기 때문이다. 따분하고 지루한 게 세상에서 제일 싫고 참을 수 없는, 우리와는 또 다른 세대 문화를 공유하는 아이들이 자라나고 있다.

우리 아이들은 학교 밖을 나서서 컴퓨터나 스마트폰만 켜면 손가락 몇 번 두드려서 내가 원하는 재미있는 영상의 세계로 빠져들 수 있는 마법 같은 세상에 살고 있다. 19세기 이래로 그다지 변한 게 없는 물리적 학교 공간 안에서 아이들과 문자 텍스트로 가득 찬 교과서 수업을 하다 보면, 아이들도 선생님도 모두 감당하기 힘든 무료함과 따분함을 동시에 느끼게 된다.

20년 전 무렵의 학창 시절을 떠올려보자. 교과서를 펴고 한 문장씩 아이들이 돌아가며 글자를 읽고 공책을 펼쳐 핵심 내용을 요약, 정리한다. 그리고 오늘 배운 주요 내용이 무엇인지 기억을 가다듬어 손을 들고 발표한다. 기성세대에게는 매우 자연스럽고 익숙한 교실 수업 풍경이다. 조금 따분해도 참고 견딜 수 있었다. 하지만 세월 따라 아이들의 인내심도 변했다. 호기심과 흥미를 보일 동기 유발 영상과 학생 참여를 유도하는 게임, 활동이 섞이지 않은 수업을 참고 견딜 수 있는 아이들이 점점 사라져가고 있다.

현실 세계에 적응하여 성취감과 재미를 느끼기 힘들어질수록, 우리 아이들은 디지털 세계에 과몰입하게 된다. 자연스러운 현상이다. Z세대는 물질적으로는 풍족한 시대에 태어나 자랐다. 하지만 2000년대 말 금융위기로 경제적 어려움을 경험했고, 안정성과 실용성을 추구하게 되었다. 그들은 막연한 미래를 위해 오늘을 희생하지 않는다. '욜로(YOLO, You Only Live Once)'나 '소확행(소소하지만 확실한 행복)'의 현재 가치 중심 의사 결정이 훨씬 더 중요하다. 금수저를 타고난 게 아니라면 성공을 위한 성실함과 노력이 미련한 바보짓으로 여겨질 만큼 젊은 세대는 현실 세계에서의 방향성을 잃었다. 그리고 현실 세계의 고단함을 디지털 가상세계에서의 재미와 휴식으로 보상받고자 한다. 현실의 갈등을 외면하여 가상세계로 회피하는 것이다.

사람들은 누구나 자기 삶이 쉽고 즐거우며 편안하기를 바란다. 1950년대 이후 급속한 경제 성장기와 자수성가형 인생의 여러 삶을 목격해 온 어른들은 자녀 세대에게 "젊어서 고생은 사서도 한다."라는 말을 입버릇처럼 하곤 했다. 젊을 때 고생한 경험이 삶의 지혜가 되어 피가 되고 살이 되더라는 의도로 해주시는 말씀이겠지만, 한창 자기 삶이 막막하고 두려운 젊은이들에게는 그다지 위로되지 않는 말이다.

세대 간 성장기의 사회 문화, 경제적 맥락과 분위기가 다르기에 한 세대가 공감하는 삶의 덕목이 다음 세대에게는 전혀 와닿지 않는 이야기가 되기도 한다. 갈수록 더 급격하게 변화하는 시대를 맞이하고 있기에 내가 경험한 삶의 진리가 내 자녀에게 적용되지 않을 가능성이 크다. 그렇다면 우리 부모 세대는 내 자녀에게 어떤 이야기를 건네

주어야 할까? 우리 아이들의 마음을 움직일 수 있는 삶의 가치는 무엇일까?

시대가 급격하게 변화하고 세대 격차와 갈등이 심해질수록, 우리는 더욱더 세대를 초월한 인간 삶의 보편성에 입각한 대화를 시도해야 한다. 탄생부터 죽음까지 이르는 한 사람의 인생을 통틀어 조망할 때 고난과 갈등의 시기 없이 무사안일한 한평생을 살다간 이는 없다. 태어난 시대와 문화적 환경이 달라도 누구나 생애 주기별로 다가오는 변화와 갈등 앞에서 고뇌하고 좌절한다. 전쟁과 기근, 자연재해 등 시대적 배경에 심각한 타격을 입기도 하고 가족이나 친구 때문에 괴롭고 아프기도 하다. 때로는 너무 과한 욕심을 부려 스스로 불행을 자초하기도 한다. '갈등'과 '고난'은 피하고 싶은 것, 싫은 것이라 여기지만 인정하고 싶지 않아도 인간의 삶에는 숙명처럼 갈등과 고난의 시기가 찾아온다.

서른 명 가까이 되는 아이들과 교실 안에서 생활하면서 선생님으로서 내가 겪는 가장 힘든 부분은 교과 내용 지식을 전달하는 것이 아니다. 서로 다른 성장 배경을 가지고 있는 아이들이 믿고 있는 '옳고 그름'에 대한 가치관이 미묘하게 다르며, 나와 다른 친구의 입장을 진지하게 헤아려본 경험치가 부족한 아이들이 서로 부딪혀 갈등할 때가 훨씬 더 지치고 힘들었다. 아이들에게 갈등과 고난은 서로 다른 우리가 함께할 때 자연스럽게 일어날 수 있는 것이라고 여러 번 말로 설명해도, 아이들에게는 어렵기만 한 말일 뿐이었다. 하지만 아이들과 함께 학급 안에서 온책읽기 활동으로 여러 권의 책들을 함께 읽으며 아이들 마음이 변화하는 걸 느꼈다. 책 속의 여러 주인공들은 자기 삶을 살며 많은 갈등 상황에 놓이고 고뇌한다. 완벽하게 잘났고 완전하게 안전하고 편안하기만 한 삶을 살아가는 주인공은 없었다. 책 속의 주인공들은 모두 고난과 아픔을 감당했고, 그 결과 더 용기 있고 지혜로워졌다.

우리에게 주어지는 미래 변화 속도는 점점 더 빨라질 것이며, 그 변화가 무엇일지 예측하는 일은 더 어려워진다고 한다. 변화의 속도가 빨라질수록 사회적 안정감은 떨어질 것이며, 많은 이들이 급작스러운 갈등을 겪게 될 것이다. 이런 사회일수록 인생의 바닥에서 바닥을 치고 올라오는, 밑바닥까지 떨어져도 꿋꿋하게 튀어 오르는 마음의 근력을 뜻하는 사람 개개인의 '회복탄력성'이 중요한 가치를 지니게 될 것이다.

크고 작은 다양한 역경과 시련과 실패에 대한 인식을 도약의 발판으로 삼아 더 높이 오르고자 하는 회복탄력성. 코로나19 사태와 같이 우리 앞에 너무나 급작스럽고 공포스러운 변화가 다가오게 되더라도 두려움에 굴복하지 않고 또다시 새로운 용기와 희망을 꿈꿔볼 수 있게 만들어주는 그 마음은 특별한 비법으로 키워낼 것이 아니다. 그저 세대를 초월한 책과 이야기 속 인물들의 삶에 함께 공감하고, 주인공이 경험하는 고난과 역경에 대한 삶의 태도, 지혜와 깨달음을 함께 내면화하는 과정에서 길러줄 수 있는 것이다.

Epilogue ──

변화는 이제
우리 모두의 것

　2021년 여름, 대한민국의 어린이들은 방학을 2주 앞둔 상황에서 '사회적 거리 두기 4단계' 격상으로 등교 교육을 거부당했다. 또다시 한동안 '전면 원격 수업' 시스템으로 전환된 것이다. 다음 날 온라인 화상 수업으로 만난 아이들은 "코로나 바이러스를 정말 때려주고 싶어요." "아주 지긋지긋해요."라고 말했다. 아직은 친구가 너무나 그리울 그 나이에, 코로나 바이러스로 인한 '강제 명령'을 받아 또다시 집에서 감금 생활을 시작하게 된 성난 심정이 너무 잘 드러났다.

　화가 잔뜩 난 아이들에게 그 억울한 심정 좀 헤아려주고 싶어서, 그림을 그려보라고 했다.

　"얘들아! 코로나로 너희들이 빼앗긴 게 뭐니?"

"너희의 속상한 마음을 그림으로 좀 그려볼래?"

"코로나가 사라지면 다시 꼭 해보고 싶은 게 뭐니? 그것도 그려보자, 우리."

몇 분의 시간이 지나가고 아이들이 컴퓨터 화면 위로 들어 올린 종이를 유심히 바라보며 나의 가슴은 또다시 먹먹해지고야 만다.

울퉁불퉁 징그러운 코로나 바이러스 모형이 창살 감옥 위를 차지하고 앉아 있다. 그 감옥 안에 마스크를 낀 아이가 창살 밖으로 손을 쭉 뻗고 있다. 창살 밖 세상에는 학교가 있고 놀이공원의 회전목마가 있다. 푸른 바다와 파라솔 옆에는 작은 글씨로 '여행'이라고 적혀 있다. 그리고 해맑게 웃는 스마일 이모티콘의 미소 짓는 얼굴이 있다.

얼마나 그리울까? 아이들은 코로나 바이러스로 인해 강제로 마스크를 쓴 채 감옥과 같은 고독한 공간 안에 가둬진 듯 느끼고 있나 보다. 감옥 바깥의 즐거운 세상이 그립다. 갑작스럽게 빼앗긴 일상의 행복을 이 아이들은 간절하게 되찾고만 싶다. 선생님의 가슴 한편이 또다시 살살 아려온다.

공교육 교직 사회에 입문한 지 13년이 흘렀다. 길다면 길고 짧다면 짧을 시간이다. 그런데 참 많은 것이 변했구나 싶다. 처음으로 교사 부임을 받고 아이들을 만나던 그 시절만 해도 오늘날 내가 아이들과 인류의 화성 이주 프로젝트 영상을 함께 시청하며 지구의 미래를 걱정하는 수업을 하게 되리라고는 상상도 해보지 못했다.

하지만 그렇게 암담한 현실을 마주했다. 줌 화상 수업으로 컴퓨터 화면을 칸칸이 쪼개어 서로의 얼굴을 확인하며 안부를 묻고 시작하는 새로운 방식의 수업에 조금씩 익숙해지고는 있지만, 이 현실을 어떻게 받아들여야 할지 마음이 완전히 정리되지는 않은 것 같다. 좋은 것만 보고 듬뿍 사랑받으며 자라나야 할 아이들이 감당하기에는 벅찬 그림자가 이 세상을 뒤덮고 있는 것만 같다.

우리가 지금 마주하는 이 현실이 믿고 싶지 않을 만큼 갑갑한 것이지만 적어도 아이들에게만큼은 좀 더 따뜻하고 자유로우며 밝은 세상이 펼쳐질 수 있다고 말해 주고만 싶다. 해 뜨기 직전이 가장 어둡다고 했던가? 인류는 이 위기를 딛고 지혜를 모아 기적처럼 밝고 환한 새로운 시대를 만들어나갈 것이다. 지금은 고인이 된 세계적인 물리학자 스티븐 호킹 박사는 2016년 9월 28일 개최된 '뉴노멀 시대-혁신과 통찰'을 주제로 열린 경향신문 창간 70주년 기념 포럼 홀로그램 강연에서 "미래를 이야기할 때 결코 빼놓을 수 없는 존재가 우리의 아이들"이라며 혁신의 궁극적 목표는 미래 세대에 대한 기여라고 강조했다.

혼자서 꿈꾸는 일은 망상에 불과하지만 온 인류가 함께 꿈꾸는 일은 현실이 된다. 지구상에 존재하는 사람 중에 평화롭고 아름다운 미래를 꿈꾸는 사람의 숫자가 점점 더 많아진다고 상상해 보자. 평화로운 지구를 현실로 마주하기를 간절히 원하는 사람들이 많아질수록 구체적인 방법을 나누고 실천하게 될 것이다. 인류의 에너지가 하나로 모이고 협력을 통한 변화의 실천력이 강력해질수록 지구는 지금보다 좀 더 평화로워질 수밖에 없다.

이 책은 아름다운 미래를 만들어나가기 위한 사회적 책임감을 느끼며 "교사로서 내가 할 수 있는 일은 무엇인가?"라고 나 자신에게 물었던 질문에 대한 내 나름의 '실천적 행위의 결과물'이다. 교육자로서의 내 발자취가 더 나은 세상을 꿈꾸는 사회적 소통의 매개로 쓰일 수 있다면 더할 나위 없이 기쁜 일이다.

나는 인류가 함께 지나고 있는 이 어두운 시대에 한 줄기 빛을 발견하고 싶은 마음 따뜻한 선생님들의 소망 그리고 자유롭게 세상을 마주하며 자라나고 싶은 아이들의 소박한 꿈을 동시에 헤아리며, 교육계의 현실과 고민 그리고 이상을 이 책에 모두 담아내고 싶었다. 내 의욕과 욕심만 앞서 혹여나 이 책을 읽는 독자들의 마음을 두서없이 어지럽히기만 하면 어쩌나 싶은 걱정이 불쑥 올라올 때도 있었다. 하지만 그 와중에 누군가 한 사람이라도 나의 마음과 공명하여, 그 어떤 울림을 느낄 수 있었다 한다면 더 이상 바랄 나위가 없겠다.

이 책을 통하여 우리가 마주하는 세계와 아이들의 마음을 조금이나마 더 깊이 이해할 수 있게 되었기를 희망한다. 알면 이해하게 되고 이해하면 사랑하게 된다고 했던가! 다가오는 아이들과 교육과 이 세계를 더 많이 사랑하고 싶다. 아이들과 함께 만들어가는 우리의 미래가 지금보다 더 나은 모습으로 빛날 수 있기를 꿈꾼다. 우리의 마음이 한데 모여 이 지구 곳곳에서 작은 기적들이 일어나기를 간절히 소망한다.

2021년 어느 추운 밤, 간절한 소망을 모아 기도하며

인공지능시대와 알파세대의 등장
미래 교육의 맥을 짚는 학교 현장 교사의 질문과 성찰

알파세대가 학교에 온다

1쇄 발행 2021년 12월 28일

지은이 최은영
발행인 윤을식

펴낸 곳 도서출판 지식프레임
출판등록 2008년 1월 4일 제2020-000053호
주소 서울시 동대문구 청계천로 505, 206호
전화 (02)521-3172 ㅣ **팩스** (02)6007-1835

이메일 editor@jisikframe.com
홈페이지 http://www.jisikframe.com

ISBN 978-89-94655-01-7 (03370)